# 正因为这样才吵架！

## 男女会话词典

[日] 梅津贵阳　长谷川美加　小林奈保　著
王黛　译

华龄出版社
HUALING PRESS

## 图书在版编目（CIP）数据

正因为这样才吵架！：男女会话词典 /（日）梅津贵阳，（日）长谷川美加，（日）小林奈保著；王黛译 . -- 北京：华龄出版社，2023.12
ISBN 978-7-5169-2611-6

Ⅰ . ①正… Ⅱ . ①梅… ②长… ③小… ④王… Ⅲ . ①语言艺术－通俗读物 Ⅳ . ① H019-49

中国国家版本馆 CIP 数据核字（2023）第 187190 号

「だからモメる！これで解決！男女の会話答え合わせ辞典」
（梅津貴陽 長谷川みか 小林奈保）
DAKARA MOMERU! KOREDE KAIKETSU! DANJONO KAIWA KOTAEAWASE JITEN
Copyright © 2020 by Takaharu Umezu, Mika Hasegawa, Naho Kobayashi
Illustrations © by Mizmaru Kawahara
Original Japanese edition published by Discover 21, Inc., Tokyo, Japan
Simplified Chinese edition published by arrangement with Discover 21, Inc. through Chengdu Teenyo Culture Communication Co.,Ltd.

| 选题策划 | 墨染九州 | 责任印制 | 李未圻 |
|---|---|---|---|
| 责任编辑 | 郑 雍 | 装帧设计 | 末末美书 |

| 书　　名 | 正因为这样才吵架！：男女会话词典 | 作　者 | （日）梅津贵阳 |
|---|---|---|---|
| 出　　版 | 华龄出版社 HUALING PRESS | | （日）长谷川美加 |
| 发　　行 | | | （日）小林奈保 |
| | | 译　者 | 王　黛 |
| 社　　址 | 北京市东城区安定门外大街甲 57 号 | 邮　编 | 100011 |
| 发　　行 | （010）58122255 | 传　真 | （010）84049572 |
| 承　　印 | 天津睿和印艺科技有限公司 | | |
| 版　　次 | 2023 年 12 月第 1 版 | 印　次 | 2023 年 12 月第 1 次印刷 |
| 规　　格 | 880mm×1230mm | 开　本 | 1/32 |
| 印　　张 | 6.5 | 字　数 | 100 千字 |
| 书　　号 | ISBN 978-7-5169-2611-6 | | |
| 定　　价 | 52.80 元 | | |

**版权所有　侵权必究**
本书如有破损、缺页、装订错误、请与本社联系调换

# 前言

"和他/她在一起很开心。我们很合得来。"
"我想让他/她成为更幸福的人!"
"我们一定会幸福的。"

结婚前,你是否也曾这么期待过婚后的生活?然而成为夫妻后,双方总是因为一些鸡毛蒜皮的小事吵得不可开交或者赌气闹别扭……
"他/她以前可不是这样的人啊……"

本书将从男女在"语言表达"上的差异出发,带你找到男女矛盾的解决之道。
或许大家觉得,我们既然说着同一种语言,对方自然能明白我的意思。但实际上,即便语言相通,男人和女人对同一个词语的理解其实大相径庭。

例如,你和另一半之间是否有过这样的对话?

 "你都这么大个人了,怎么还把袜子到处乱扔!"

 "行了行了,你也这么大个人了,少说两句不行吗?"

同样是"这么大个人了",女人的意思是"管好自己",男人的意思则是"别动不动就发脾气"。

再举个例子:

 "带孩子辛苦,要我帮忙的话你倒是说呀!"

 "'帮忙'是什么意思?这不是你的孩子啊?"

男人说"帮忙"是想"支持她",而在女人看来,丈夫这么说话十分不负责任。男人如果说"我来帮你带孩子吧",**可能会让妻子觉得你没有责任感。**

女人情感丰富,能察言观色,擅长"多任务处理",但却总是以自己的标准要求丈夫,希望他能领会自己的沉默。到头来,对方一头雾水,自己生一肚子气。另外,女人还很在乎自己的感受,如果得不到对方的理解就深感焦虑。

相反,男人基本不会揣度语言背后的含义。男人注意力集中,工作起来全神贯注。与女人相比,男人在运动和工作上的经历更加丰富,因此也特别重视结果,追求逻辑严谨。另外,强大的好胜心和自尊心也会让他们不允许周围的人轻视自己。

由此可见，男人和女人千差万别。同住一个屋檐下，产生摩擦自然不可避免。差异之大，让本应温馨的家沦为夫妻互相伤害的战场。

因此，化解男女矛盾的核心就是：认识男女差异，相互取长补短。

希望大家可以通过本书中夫妻吵架的经典案例，在轻松愉快的氛围中认识到男女差异，解开夫妻间的误会和分歧。

愿以此书尽绵薄之力，帮助每一位读者打造幸福家庭。

# 目录

爱情 …………………………………… 001

放弃 …………………………………… 003

建议 …………………………………… 005

撒娇 …………………………………… 007

对不起 ………………………………… 009

让步 …………………………………… 011

谢谢 …………………………………… 013

生气 …………………………………… 015

育儿 …………………………………… 017

忙 ……………………………………… 019

出轨 …………………………………… 021

闷闷不乐 ……………………………… 023

长大 …………………………………… 025

回忆 …………………………………… 027

逛街 …………………………… 029

聊天 …………………………… 031

家务 …………………………… 033

赚钱 …………………………… 035

家庭服务 ……………………… 037

职位 …………………………… 039

观念 …………………………… 041

输赢 …………………………… 043

忍耐 …………………………… 045

可爱 …………………………… 047

努力 …………………………… 049

没指望你 ……………………… 051

关照 …………………………… 053

纪念日 ………………………… 055

情绪 …………………………… 057

帮助 …………………………… 059

牢骚 …………………………… 061

| | |
|---|---|
| 结婚 | 063 |
| 吵架 | 065 |
| 联谊 | 067 |
| 逻辑 | 069 |
| 体谅 | 071 |
| 寂寞 | 073 |
| 幸福 | 075 |
| 工作 | 077 |
| 嫉妒 | 079 |
| 个人看法 | 081 |
| 老家 | 083 |
| 个性 | 085 |
| 事业 | 087 |
| 兴趣爱好的时间 | 089 |
| 实话实说 | 091 |
| 信任 | 093 |
| 喜欢 | 095 |

| | |
|---|---|
| 随便 | 097 |
| 素颜 | 099 |
| 老实 | 101 |
| 责任 | 103 |
| 对外人好 | 105 |
| 尊敬 | 107 |
| 减肥 | 109 |
| 没关系 | 111 |
| 你是我喜欢的类型 | 113 |
| 对 | 115 |
| 男女友谊 | 117 |
| 出门前的准备 | 119 |
| 信 | 121 |
| 帮忙 | 123 |
| 同居 | 125 |
| 哭 | 127 |
| 无法理解 | 129 |

你想想办法 …………………………… 131

逃避 ………………………………… 133

孕期 ………………………………… 135

犒劳 ………………………………… 137

年薪 ………………………………… 139

年龄 ………………………………… 141

第一次 ……………………………… 143

反省 ………………………………… 145

外遇 ………………………………… 147

礼物 ………………………………… 149

夸奖 ………………………………… 151

认真 ………………………………… 153

严肃 ………………………………… 155

修边幅 ……………………………… 157

前任 ………………………………… 159

约定 ………………………………… 161

职责 ………………………………… 163

温柔的人 …………………………… 165

不想干就别干了 …………………… 167

友谊 ………………………………… 169

陪对方出门 ………………………… 171

喝醉 ………………………………… 173

离婚 ………………………………… 175

理想的夫妻关系 …………………… 177

旅游 ………………………………… 179

晚年 ………………………………… 181

浪漫 ………………………………… 183


结语 ………………………………… 185

# 爱情

##  态度是爱一个人的体现

男人就算深爱着对方也很少用语言表达出来。直接表达爱意会让男人害羞。在他们眼里，态度才是爱一个人的真正体现。

##  语言是爱一个人的体现

女人善于察言观色，能看得出对方到底爱不爱自己。不过，虽然心里清楚，但是为了确认感情，她们还是会不停地说"我爱你"，并希望得到对方的回应。

男人除了说"我爱你",也要在行动上有所表示。光说不做,讨不到女人欢心。

## 男人注重行动
## 女人关注语言

女人无论年龄几何,遇到问题时,第一反应就是沟通。然而,女人对沟通的这份执着总是让男人感到不解。在男人看来,为了老婆、孩子在外挣钱养家的行为才是真正的爱。**男性朋友们如果想和妻子保持良好的伴侣关系,不妨将对她的爱直接用语言表达出来。**在纪念日或者她情绪低落的时候,一句"我爱你"可以让感情大幅升温。

明确提出个人诉求,避免让对方猜测,是两性沟通的原则。**女性朋友们最好直截了当地告诉丈夫:我想听你说"我爱你"。**

# 放弃

##  达到开悟的境界

双方意见不合时，男人往往叹一口气，就让事情过去了。渐渐地，他不再提这个话题；再过一段时间后，甚至想不起来这件事情。

##  嫌弃对方的前夕

当期望未得到满足时，女人的内心会先后经历"难过""生气""心烦意乱"，最终达到"无视"或"嫌弃"的境界。对女人而言，放弃并不等于接受现实。

妻子："算了"。丈夫：终于放过我了。妻子：这才哪儿到哪儿啊。

## 男人善于放弃
## 女人不轻易言弃

一句"算了"让男人长舒一口气，以为自己终于得到了原谅。然而，事实并非如此。**"算了"只是女人消气的标志，下一步是爱搭不理，心里充满嫌弃。** 由此可见，问题并没有得到解决，男性朋友们应该马上行动，解开矛盾。

相反，男人说"算了"，意味着他接受了现实。不论冲突的导火索是妻子"煲电话粥"还是逛街，**此言一出，男人就不会继续追究。** 不过，"算了"有时也表示对话题失去兴趣，女性朋友们应该注意观察是否有这层含义。

# 建议

 **建议 = 帮助**

男人喜欢提建议，也喜欢别人对自己提建议。建议提得越有条理，越简单易懂，自己越乐于接受。采纳建议对男人来说是十分自然的事情，将别人的建议付诸行动也是常有的事。

 **建议 = 多余**

女人有时会向男人寻求"客观判断"。例如，在某种情况下人们一般会怎么做。但是，女人往往不会采纳建议。如果有人要求她们采取行动，她们马上会对沟通失去兴趣。

帮助别人解决问题是男人的本能。不想听建议的女性朋友们记得做事先声明。

# 丈夫追求理性
# 妻子渴望理解

**女人想要的不是一板一眼的解决方法，而是男人对自己的关心。** 如果妻子询问你的想法，你只要对她的观点给予理解和肯定就足以安慰她，切忌用自己的标准评判甚至批评对方。女人在提问时心里往往已经有了答案，丈夫没有必要费尽心思地给她出主意。

相反，**男人向女人寻求建议时，如果无法准确清晰地阐明自己的看法，则宁可闭口不言。** 如果提的建议没头没尾，或者轻易表示理解，男人反倒会心生不快。

# 撒娇

##  撒娇是任性、依赖

男人对撒娇的看法基本比较负面。撒娇等于偷懒享乐，男人基本不会主动撒娇。不过，男人有时也会向自己信赖的人撒娇。

##  撒娇是弱者的特权

女人只有在比自己强势的人面前才会撒娇。撒娇是年轻女孩的拿手武器。然而，随着年龄增长，责任感日益加强，女孩成长为不甘示弱的女人，从此撒娇的话不再信手拈来。

丈夫整天像个孩子，让女人根本没有撒娇的欲望。

## 男人想撒娇
## 女人自尊心强

在外人面前男人从不撒娇。但是在家里，男人有时会把妻子当成母亲，产生撒娇的欲望。然而，撒娇一定要把握好度。一旦用力过猛，表现得像个小孩，妻子会把你当成"大儿子"而不是"丈夫"。丈夫想要撒娇的话，必须先得到妻子的信任，让她相信自己是个可靠的男人。

女人自尊心越强，越难拉下脸来撒娇。但女性朋友们要知道，自己放下面子，可以让夫妻生活更加和睦。男性朋友们也应该多多观察，如果察觉到妻子有求于自己，应当挺身而出，展示自己的可靠之处。话虽如此，男人毕竟不懂读心术，如果女性朋友们向丈夫撒娇其实是有求于他的话，最好直接说出来。

# 对不起

 **希望她说"对不起"**

不论是谁，开口道歉意味着内心已经进行了深刻反省，问题能得到最终解决。

 **希望他说为什么觉得"对不起"**

女人不接受一句简单的道歉，她们希望对方真正明白自己为什么生气，为什么受伤。

"我不是都道歉了吗！" "那你讲讲你哪儿错了呀！"

## 男人靠一句"对不起"走遍天下
## 女人听不到"为什么"绝不罢休

"对不起"三个字在男人眼里代表着最诚挚的歉意，而在女人眼里毫无意义。因此，**男性朋友们道歉时必须说明自己错在哪里。**

相反，男人不道歉就意味着不想先低头认错。女性朋友们如果继续和他冷战，完全是在浪费时间。**不妨先低头认错，即使不是出于本意，也能让对方放松戒备，说不定最终自己还能占上风**。如果明显是自己的问题，不如坦诚道歉，基本上都能得到原谅。

# 让步

 **各退一步**

男人认为，让步是双方找到平衡点，平摊利益和损失。让步就像AA制，不是三七分或四六分，而应该是五五分。

 **他理解了我的感受**

女人是否会让步，关键在于对方是否明白了自己的感受。只要对方理解自己，即便想法不同，自己也没有怨言。反之，只要对方不理解，女人就不会做出任何妥协。

我在夏威夷和冲绳中间犹豫，你说关岛？我关心的又不是距离。

## 男人喜欢相互妥协
## 女人希望得到理解

不同方案摆在面前，男人的习惯是先评判各个方案的优势和劣势，**但如果是和女人商量，正确做法是先肯定她的提议**。只要得到肯定，女人也会认可你的想法，最终采纳你的方案也不是没有可能。

男人十分抵触命令。女人即使不同意丈夫的想法，也不要一票否决，否则事情只会越来越糟。男人会在帮女人实现愿望的同时收获满足感，因此**与其争论不休，对他施号发令，不如试着用恳求对方的语气**，结果更可能如你所愿。

# 谢谢

## 男人 由衷的感谢

越是亲近的人，"谢谢"二字越难说出口。当面道谢会让男人感到十分别扭。对家人说"谢谢"都是发自内心的感恩。

## 女人 轻微的认可

女人说一声"谢谢"并非难事。丈夫没有表示感谢，相当于自己的付出没有得到肯定，这会让女人愤愤不平。另外，"谢谢"这两个字不会在女人的脑海里逗留太久，因此无论说多少次依然管用。

虽然女人善于观察,但毕竟没有读心术,男人心里想什么她无从知晓。

# 男人听到"谢谢"干劲十足
# 女人听到"谢谢"喜笑颜开

对女人而言,"谢谢"这句话常听常新。丈夫可能不好意思说出口,但说习惯后其实并没有那么困难。**哪怕说"谢谢"说到自己腻歪,也还是能讨得妻子欢心。**

妻子要知道,男人和女人一样,也喜欢听到别人感谢自己。说一声"谢谢"哄他开心,他可能就会"得意忘形",**主动帮你做家务**。日常生活中,夫妻双方应该相互感谢对方的举手之劳,才能让婚姻生活更加和谐美满。

# 生气

 **因为自尊心受挫**

男人生气,通常是因为对方没有做好自己交代的事,或者不把自己的话当回事,等等。男人无法容忍别人瞧不起自己。

 **因为内心受伤**

女人生气,通常是因为自己的执着被人否定,或者努力没有得到回报。女人的生气程度取决于感受被忽略的程度,与事情的大小无关。

男人靠尊严活着。在外人面前夸他，会让他心花怒放。

## 男人死守尊严
## 女人在乎感受

女人最在乎的，无外乎自己的感受。**有些事情在各位男性朋友们眼里可能不值一提，但若让女人觉得你不顾及她的感受的话，很可能会点燃她的怒火。** 事情到了这个地步时，如果你还是不在乎她的心情，企图和她讲道理，只会让问题更加严重。只有对她的感受表示理解，才能平息这场斗争。

男人最在乎的，无外乎是自己的尊严。**一旦有人不把自己当回事，男人立马怒发冲冠。** 女性朋友们千万不要拿丈夫开玩笑，以免出现无谓的争吵。

# 育儿

## 男人 养育一个未知的生命

男人虽然有帮忙带孩子的心，奈何不知从何下手，只好带着不服输的精神在实践中一点点摸索。如果妻子责怪他笨手笨脚，男人就会瞬间丧失动力。

##  为人父母，理所应当

女人希望丈夫和自己想的一样，认为既然为人父母，抚养孩子就是理所应当。在她们眼里，"我不会带孩子"的理由只是借口，毕竟自己当妈之前也没有任何经验。

在孩子面前手忙脚乱的新手奶爸。听着妻子的指点,硬着头皮上。

## 男人对育儿一无所知
## 女人对育儿义不容辞

无论时代怎么变,男人对带娃的恐惧永远都不会变。男人一旦说"我不会带孩子",必定会遭到妻子的猛烈攻击。丈夫应该接受现实,向妻子取取经,努力晋升为合格奶爸。**主动帮忙带孩子,可以让夫妻感情明显回升。**

妻子也应该理解,男人并不擅长照顾孩子。如果希望丈夫帮忙带孩子的话,传达任务时必须详细到每个步骤应该怎么做。虽说带孩子是为人父母应尽的责任,但也不可操之过急。一点点鼓励丈夫成长,逐渐让他分担带孩子的重任,才是长久之计。

# 忙

 **没工夫做其他的事情**

男人的"忙"指的是没有余力做其他事情，带有拒绝别人或自我防御的含义。男人喊"忙"，其实就是在找借口。

 **有很多事情要做**

女人擅长处理多项任务，而且这也是她们的常态。不过，女人发牢骚说"忙死了"，多半是话中有话，讽刺对方"你好闲"。

发短信在女人眼里是件小事,对男人来说却是个难题。

# 男人喊"忙"以求脱身
# 女人不把"忙"当理由

男人专注于一件事情时,往往就顾不上其他的事,擅长处理多项任务的女人对此感到十分不解。**在她们看来,"工作忙"和"不顾家"是两回事。**如果丈夫说自己很忙,她们会激动地反问:"忙又怎样?"(丈夫顿时哑口无言)。

但是,妻子即使怒斥丈夫也无济于事。想让他帮忙做家务或带孩子的话,可以以退为进。先体贴对方的辛苦,**再请他帮忙做一些不费脑力的家务,比如刷碗或洗衣服,等等。**

# 出轨

 **和第三者发生性关系**

在生物学上，男人的本能就是尽可能释放更多的精子。男人永远在出轨的路上，至于最终是付诸行动，还是以单纯的想法告终，取决于夫妻感情如何。

 **对伴侣以外的人产生依恋**

女人肩负生儿育女的重任。遇到夫妻感情不和，容易被甜言蜜语所感动。不过，一旦内心得到慰藉，就会失去出轨的欲望。女人出轨，通常不只是单纯的肉体关系，多半还付出了真心。

男人不管有什么理由,想拈花惹草就得做好离婚的最坏打算。

# 男人出轨和爱妻子两不误
# 对丈夫满腹怨言让女人见异思迁

男人可以一边爱着妻子一边染指其他的女人。但是对女人来说,丈夫出轨意味着"他不爱我了""他背叛我了",这是双重打击。男人即使已经鬼迷心窍,也必须对出轨的后果有深刻的认识。

相反,女人出轨的理由很简单,就是对丈夫怀有怨言。从这个角度来说,女人出轨也有丈夫的责任。女人无法容忍丈夫在外拈花惹草,这会让她们的自信瞬间崩塌。总而言之,夫妻双方出轨时都应做好离婚的最坏打算。

# 闷闷不乐

**男人** 遇到问题，需要一个人冷静一下

男人闷闷不乐，通常是遇到了问题。只要问题没有解决，情绪就会一直低落下去。就算安慰他"放轻松""肯定没事的"，他也不会往心里去，可能还会给他造成更大的压力。

**女人** 心情不好，希望他鼓励一下

女人不喜欢别人分析自己闷闷不乐的原因，也不想听到任何建议。只要有人陪着她，鼓励她，给予她力量，她就会在爱的滋养下重拾活力。

比起鼓励他，更贴心的做法是默默守护他，让他独自重整旗鼓。

## 男人只想独处
## 女人渴望陪伴

妻子闷闷不乐时，丈夫一定要去关心她，体谅她。你只要陪在她身边，就能让她感到安慰。**如果妻子没有开口问你该如何解决问题，就不必提出建议。**切记不要去分析原因，也不要指出她的错误，往她伤口上撒盐，否则会让双方感情出现隔阂。

男人闷闷不乐时，更愿意一个人待着，不想被人看见自己脆弱的一面。**妻子如果不经意间看到了丈夫软弱无助的姿态，不如让他独自冷静一下，这也是对他的体贴。**做一顿好吃的饭菜，给他加油打气，也能给他带去力量。

# 长大

**男人** 不要感情用事，冷静处理问题

男人说"你能不能成熟一点"，意思是"听我把话说完"，通常表示想对某件事情发表评论，或者希望对方倾听自己的想法。

**女人** 生活可以自理

在女人看来，成熟的前提是自己的事情自己做，不给别人添麻烦。如果丈夫连日常生活都不能自理，那就不应该称为"丈夫"，而应该是"大儿子"。

丈夫不靠谱，妻子易冲动，真是两个"活宝"。这场面说不定很常见。

## 男人独立不起来
## 女人冷静不下来

　　要想妻子承认自己是个"成年人"，首先要自立，收拾好自己。**丈夫千万不要把妻子当成自己的母亲**。脱下来的袜子到处乱扔，吃完饭后碗筷也不收拾，这些不良的生活习惯会让妻子的怒火日复一日地积累，最终彻底爆发。

　　丈夫说"你能不能成熟一点"，意思是你不要激动，先冷静下来再说。**女人一旦情绪化，很容易不顾一切，感情用事。妻子在激动时，不如先做个深呼吸，让自己平静下来。**

# 回忆

## 男人 回忆起发生的事情

男人很少回忆过去。即使回忆，也是为了确认当时的情境。男人心里的痛苦和悔恨会在时间的流逝中悄然淡去。

## 女人 回忆起当时的感受

女人对过去的记忆是连同感受一起存在的。当她们对眼前的场景感到似曾相识时，就会顺藤摸瓜，翻起旧账。

"你以前就到处拈花惹草！记得有一次……""怎么又说这件事……"

## 男人想要翻篇
## 女人爱翻旧账

　　**丈夫要清楚，一旦让妻子留下不好的回忆，那么这笔账必无翻篇之日。**她生气时，一定要从源头压住火苗，及时关心她，照顾她的感受，才是万全之策。

　　不同于女人爱翻旧账，男人更希望让不愉快的事随风而去。因此，**妻子尽量不要去揭丈夫的伤疤。**如果有心事，实在想和丈夫谈谈，应该先告诉他自己的顾虑。

# 逛街

## 男人　买自己要买的东西

男人逛街时目的明确，购物对他们来说毫无乐趣可言。在多个商品里犹豫不决会让男人感到焦虑。

## 女人　找到让自己心动的东西

对女人来说，逛街的乐趣不仅局限于结账时的快感，还包括挑选商品时的快乐。女人犹豫不决时会向旁人寻求建议，在交谈中逐渐锁定目标。

多数情况下，女人表明让你帮她挑选，其实心里早有了答案。和她一起犹豫即可。

## 男人关心购物清单
## 女人享受逛街过程

　　**对女人来说，逛街本身就是解压。**丈夫陪妻子逛街时，千万不要催促她，也不要表现得不耐烦。不妨趁机观察一下她的喜好，下次一起逛街时或许能派得上用场。如果妻子犹豫不决向你征求意见的话，回答时可以雨露均沾，比如说"这件衣服显得你很年轻，这件看起来比较时尚"。

　　**相反，男人一旦决定了要买什么，就一定要挑出一个"最佳选项"。**他们会先缩小目标范围，再认真比较几件候选商品。妻子如果不耐烦地催促丈夫，会让他心里不舒服。与其如此，不妨暂时离开，去做点别的事情。

# 聊天

## 男人 交换信息

男人聊天是为了找到切实可行的解决方法。他们不喜欢没有结论的交谈，毫无目的的八卦或闲谈让男人备感煎熬。

## 女人 分享心情

女人通过和别人聊各种琐事来摸清自己的感受。聊天结束后，心情通常会发生变化。女人聊天时更关注自己的感受，并不需要什么结论。

女人只需要男人听她把话说完。男人受不了东拉西扯的聊天。

## 女人想要忠实的听众
## 男人受不了跳跃的思维

**丈夫听妻子说话时,要重点关注她的情绪,而非谈话的内容。**对女人来说,内容上的跳跃是有必要的。强行替她下结论会让她不悦。

男人不喜欢没有目的的交谈。妻子和丈夫聊天前最好先说清楚目的,比如让他帮孩子选学校,等等。**男人总是希望事情进展顺利,因此可能会在聊天中指出你的问题或给你出主意。如果只希望丈夫做一个听众,无须征求他的意见的话,那么最好在开始聊天前就委婉地告诉他耐心听着即可,以免出现争执。**

# 家务

## 男人 布置了就做的家庭作业

虽然也有喜欢做家务的男人,但是大部分男人还是会把家务交给妻子,因为他们觉得在这方面女人更胜一筹。不过,只要妻子有吩咐,自己一定在所不辞。

## 女人 不得不完成的家庭作业

女人不认为做家务是为人妻的本分。但是,如果没有把家里收拾好,她们会怀疑自己的能力。就算丈夫帮忙,女人也会挑三拣四,最终还是自己收拾。

只要是家务，谁做都辛苦。整天让妻子照顾你，小心她大发雷霆！

## 妻子没有吩咐男人就不干活
## 丈夫无动于衷让女人勃然大怒

　　自己忙得焦头烂额，丈夫却无动于衷，这样的家庭想必不在少数。有这种经历的女性朋友们肯定已经憋了一肚子气，但是，男人的眼力劲的确不如女人，想要丈夫帮忙的话，可以直接把具体的活交给对方，他一般都会爽快答应。**丈夫干活时，不要对他的做法挑三拣四**。就算结果不达标，也要称赞他，感谢他的帮助。听到你的鼓励，他下次一定会做得更好。

　　从丈夫的角度来说，哪怕妻子不需要你帮忙，不想让她发火，就别光在一旁打游戏。**就算自己的确不擅长做家务，也可以帮忙照顾孩子，减轻她的负担。**

# 赚钱

**男人** 通过工作拿到满足身边的人所需的钱

男人深信，只要自己能赚到足够的钱，妻子就不会说三道四，人生和婚姻都将一帆风顺。反之，如果任何一方面出现问题，那一定是因为自己赚的钱还不够多。

**女人** 拿到生活所需的钱

有钱永远比没钱好，但是有钱也不能解决一切。自己的另一半除了能赚钱，其他方面也要兼顾。

妻子希望丈夫不仅会赚钱,还要顾家。

## 男人赌上尊严赚钱
## 女人除了钱另有所求

**丈夫深信只要自己努力赚钱,妻子就会知足。** 但事实上,女人满不满足和男人会不会赚钱之间并不能简单画等号。类似"我辛辛苦苦赚钱养家,你别对我说三道四"的言论也只会激怒女人。

**"会赚钱"是男人证明自己的方式,他们在这方面堵上了尊严。** 妻子千万不要在丈夫面前拿自己家和别人家的情况作比较,哪怕只是开个玩笑也万万不可。

理想的夫妻关系是妻子认可丈夫的工作,丈夫肯定妻子对家庭的付出。平日里多感谢对方,才能让婚姻生活更加和谐。

# 家庭服务

**男人** 为了家庭做出的自我牺牲

对男人来说,"家庭服务"指的是特地做某件事情来满足家人。在忙碌的工作过后,男人更想要的是犒劳和感谢。

**女人** 为了全家人的欢乐时光应该做的事情

女人对"家庭服务"这个词语本身感到厌恶。她们不能理解为什么自己视为理所应当的事情要叫作"服务"。

"这么堵还出去玩，孩子他妈也不表示一下感谢。"

## "家庭服务"让男人筋疲力尽
## "家庭服务"太少让女人愤愤不平

**丈夫不要当着妻子的面说"家庭服务"这个词。**平日上班时，如果孩子是由妻子照顾的话，周末不妨自己照顾孩子，让妻子好好休息。这份体贴她会铭记于心。如果妻子或孩子有想做的事情，应尽可能地满足他们的愿望。当然，实在是精力不济的话，也不必勉强自己。

妻子应当理解丈夫想要在周末好好放松的心情。节假日想和家人一起出游的话，不妨大胆地把所有事情都交给他来安排；如果实在放心不下，也可以等需要他的时候再请他帮忙，不过要记得交代清楚具体事项。

# 职位

## 男人 决定自我评价的社会地位

男人用职位来评判自己的地位。他们习惯了纵向社会的规则，觉得自己的价值随着升职而提升。

## 女人 在职场上的角色

女人身兼"妻子""母亲"和"公司员工"等多项职责，因此不太在乎职位高低，但却对丈夫和孩子的升职情况十分关注。

男人炫耀自己升职时，称赞他就好，其他的事情不要过问。

## 男人用头衔来评价自己
## 女人悄悄关心男人的职位

男人十分在意自己的职位。职位低时，他们可能表现得若无其事，但心里其实是愤愤不平的，因此，女性朋友们最好避免谈及这个话题。**尤其是在丈夫的升职道路比较曲折的情况下，即便自己很在乎，也最好装作漠不关心。**嫌弃丈夫职位低会严重伤害他的自尊心，让他产生自卑感，到头来对自己没有任何好处。

反之，丈夫向你炫耀升职时，女性朋友们可以毫无保留地称赞他，从而进一步激发他的上进心。

# 观念

## 男人 人该怎么活着

在男人看来，观念包括人生观、价值观、育儿观、和父母相处的方式，等等。观念因人而异，略有不同也在情理之中。

## 女人 人该怎么过日子

女人说的观念，指的是空调温度、收纳清洁、垃圾分类等日常生活中方方面面的行为习惯。婚后，夫妻双方的生活习惯渐行渐远，让女人感到焦虑。

"你上完厕所又不盖马桶盖,真是一点都不懂得替别人着想。我们的观念怎么差这么大!"

## 男人包容观念不同
## 女人抱怨观念不同

　　听到妻子说"我们观念不一样",丈夫可能会感到错愕。其实,**女人说的观念基本只停留在生活层面,例如回家后会不会先换衣服等,问题并不是很严重**。不过,双方的观念差异会让女人焦虑,男性朋友们应该适当体谅对方。

　　**相反,男人说的观念,所指范围更加广泛。他们允许别人和自己持有不同观念,对夫妻间的观念差异并不太在意**。只有事态严重时,男人才会说"我和你的观念不一样"。如果事情到了这个地步,女性朋友们必须想办法尽快解决。

# 输赢

## 男人 赢了就能占绝对优势

输赢是男人从小就面临的问题。无论什么事情,无论对手是谁,好胜和不服输的本能永远在内心骚动。

## 女人 单纯是在某一情况下的排名

比起输赢,女人更在乎的是旁人的感受。不过,如果有人肯定她们的观点,她们就会瞬间燃起好胜心。

男性朋友们虽然很难接受失败，但是也要学会在小事上"以退为进"。

## 男人争强好胜
## 女人理解万岁

　　比起输赢，女人更关心的是与人相处得是否和谐，双方是否能理解彼此，场面气氛是否会尴尬，等等。然而，**如果有人否定她们，无视她们的感受，她们就会揭竿而起，充满攻击性**。原则上，男性朋友们只要照顾好她的感受，基本就能避免大的过失。

　　相反，**男人不愿意输给任何人**，有时甚至会和孩子一样较真。男人骨子里争强好胜，和丈夫争执不下只是在浪费时间。建议女性朋友们以退为进。

# 忍耐

## 男人 无偿的隐忍

男人的忍耐就是闭口不谈自己的看法。一旦决定忍耐,即使心怀不满也不会说出口。

## 女人 有偿的自我牺牲

女人的忍耐表面上是退让,其实内心在期待对方能察觉到这份隐忍,希望此刻的让步在未来能得到回报。女人有时会故意强调自己的隐忍以换取丈夫的关注。

如果丈夫让你别忍,你就告诉他你想做什么。

## 男人真心隐忍
## 女人假意忍让

　　**妻子嘴上说"忍了"，实际上满腹牢骚**。丈夫只有道歉，弥补她，才能真正让她消气。关键在于，要让她觉得自己的忍让得到了回报。

　　男人说"我忍了"，就意味着事情已经画上句号。再去追问他的感受，反而会让他不耐烦。另外，**妻子要注意的是，如果口是心非，明明十分在意却说"我忍了"**，很可能让丈夫以为你真的原谅了他。

# 可爱

## 男人 想要守护的事物

> 如果有什么人或者什么东西看起来弱不禁风，激发了男人的保护欲，他们便会形容这个人或东西"可爱"。男人说女人"可爱"的背后隐藏着他们居高临下的视角。

## 女人 让人心动的事物

> 女人的"可爱"含义广泛，好看、漂亮、让她们心动的人或物都可以用"可爱"来形容。如果有人夸自己"你好可爱"，女人的反应因人而异。

男人不理解女人为什么总把"可爱"挂在嘴边。

## 男人认为"可爱"是夸奖
## 女人解读"可爱"的含义

大部分女人都明白，男人都是以居高临下的姿态夸自己"可爱"。**男性朋友们如果对异性说"你好可爱"，而她喜欢的并不是你，或者挑错了时机，那么对方会觉得你冒失莽撞。**

男人对异性说"你好可爱"时通常带有保护欲。这种夸人的方式可能让部分女性朋友感到厌恶，但是也不妨利用男人的保护欲，获得对方的帮助。

此外**还需注意的是，女人的"可爱"所指含义十分广泛。**

# 努力

## 男人 为了结果而努力

男人努力的目标十分明确，比如努力学习考高分，进入理想的学校，或努力工作升职加薪，等等。在家庭中，男人努力是为了得到妻子的肯定和感谢。不过，结果不如人意时男人会十分沮丧。

## 女人 为了过程而努力

对女人而言，朝着目标努力奋斗的过程是有意义的。她们经常鼓励别人说"加油"。即使结果不尽人意，女人也会心满意足。

排名第二的男人意难平，排名第三的女人对自己的表现十分满意。

## 男人只看结果
## 女人更重视过程

比起结果，女人更看重过程。丈夫可能觉得没有结果的努力毫无意义，但是在妻子面前，**不论结果如何，都应该肯定对方的努力**。否则，任何安慰都无济于事。

**男人在乎结果，十分渴望得到他人的肯定**。当丈夫为自己的成果而沾沾自喜时，妻子应该不吝言辞地称赞他，和他一起分享成功的喜悦。反之，当丈夫失败后垂头丧气时，不必笨拙地鼓励他，让他独处即可。

# 没指望你……

## 男人 没要求，不关心

男人说"没指望你……"，意思是自己对这件事情没有任何看法。此时，他们通常已经不把事情放在心上，即将放弃思考。

## 女人 对他仍抱有一丝希望

女人的"没指望你……"其实是言不由衷，她们心里对对方仍抱有一丝期待。不过，女人也深知这种期待得不到满足的概率很大，因此这句话也表示她们在生闷气。

男人按照字面意思理解语言。
在他眼里，"我没指望你……"和"我希望你……"之间不可能画等号。

## 男人调整预期
## 女人留有期待

丈夫如果说"我没指望你每天都费心思给我做饭"，妻子会以为你嫌她做的饭不好吃，让她别做了。正确的表达方式是"你每天都给我做饭，辛苦了，谢谢你。要是累的话，不做也可以的。"相反，如果妻子说"我没指望你……"，那么丈夫应该关心她，问她想要自己做什么，而不是简单地给事情画句号。

**不论是男人还是女人，听到"我没指望你……"这句话时，都会感到失落。** 女性朋友们如果明明抱有期待却口是心非，结果必然事与愿违。只有敞开心扉，才不会给双方造成伤害。

# 关照

**男人** 出于礼貌的行为，目的是顾全大局

男人的关照，是观察整体情况后为了活跃气氛而做出的行为，是一种"客套"，属于社交礼仪的范畴，基本不用于亲人和朋友。

**女人** 照顾对方的感受，从而顾全大局

女人对旁人的情绪十分敏感，关照别人对她们来说易如反掌，只不过有时会因为过于在意他人而心力交瘁。另外，女人会对给予自己特殊照顾的人充满感激。

钓上来的"鱼"得喂着，感谢它上钩。

## 男人认为爱和关照无关
## 女人觉得关照是爱的体现

很多男人"喜欢钓鱼不喜欢养鱼"，这种行为只会给女人造成伤害。妻子不同于一般人，自然要给她更多的关心，哪怕这种关心微不足道，也得体现出她和别人不同。女人无论老少，都喜欢得到别人的特殊对待。

相反，妻子千万不要误会丈夫照顾不周是因为爱情消失了。有些男人"眼力劲"偏低，看不出别人的心思，所以才会在关系亲密的人面前表现得为所欲为。妻子如果想得到丈夫的关心，应该清楚地说出自己的需求。

# 纪念日

**男人** 某件事发生的日子

男人认为，过去的事只是单纯的记忆。虽然多年前的今天发生了很重要的事情，但与此时此刻没有丝毫联系。正因如此，男人容易把纪念日忘得一干二净。

**女人** 特别的日子，用来回忆重要的事情

女人喜欢回顾自己的过往，不仅清清楚楚地记得哪一天发生了什么重要的事情，而且还喜欢回味那些特别的日子。

男性朋友们最好提前在日历上标出纪念日，以防自己忘记。

# 男人以未来为先
# 女人认为过去成就今天

　　男人经常把纪念日忘得一干二净，如果能和妻子过好这一天，她就会把平时记下的账一笔勾销，所以男性朋友们要把握好这个机会。**女人通常希望在纪念日当天能和丈夫充分交流，以弥补平时沟通的不足**。只要做到这一点，接下来的日子就会风平浪静。

　　对男人来说，纪念日和夫妻感情毫无关联。因此，即便丈夫忘了庆祝纪念日，妻子也不必难过。**与其为此生气，不如告诉他你想怎样度过这一天**。如果这一天马上就要到来，他也会充满兴趣。

# 情绪

## 男人 一时的情感波动

男人善于隐藏自己的心理活动,所以情绪如何一般不会影响行动。男人不会在公司等正式场合袒露内心。

## 女人 左右一切行为的情感起伏

女人心,海底针,阴晴不定是女人的常态。心情的好坏不仅能改变性格,甚至会影响身体健康。女人心情好时活力无穷。

男人最怕女人临时变卦，打乱他们的计划。

## 男人擅长控制情绪
## 女人无法控制情绪

  想必大多数男人都无法忍受自己的计划被女人变化多端的情绪打乱。其实，女人之所以善变，是因为她们的情绪受激素水平的影响，因此情绪控制能力才不及男人。男性朋友们应理解妻子的情绪波动，**多关心她，包容她。**

  **女性朋友们也要注意，不要被感情冲昏了头脑。** 平时可以多观察，哪些事情能让自己开心，哪些事情会让自己生气。提前想好如何应对情绪失控，才能让人与人的相处更加和谐愉快。

# 帮助

## 男人 平分劳动力

男人认为,所谓"帮助",不是简单的"搭把手",而是双方付出同等的劳动。只有两个人都全力以赴,才能实现目标。

## 女人 同心相连

女人认为,心心相连的态度比实际的帮助更加重要,哪怕如加油鼓劲等不伴随任何体力劳动也是"帮助"。

妻子觉得一起想办法就是助丈夫一臂之力，而丈夫正为独自包揽苦力活而满腹牢骚。

## 男人认为行动才是"帮助"
## 女人认为心意相通即为"帮助"

想必大部分男人都有意帮妻子分担家务，奈何没有时间付诸行动。符合这一情况的男性朋友们**可以向妻子表明自己的心意，说"家务活这么辛苦全让你一个人做了，真对不起。"**这种关心既能抚平女人疲惫的身心，又可以成为她精神上的"帮助"。

**女性朋友们如果希望丈夫帮忙，最好清楚地表达出来，比如"帮我叠一下衣服"**等。男人觉得"帮助"别人很费体力。如果丈夫没有动力，不如说一些鼓励的话。

# 牢骚

## 男人 暴露软弱的愚昧之言

对男人而言,自揭软肋是羞愧之事,只有在挚友面前才会发牢骚。在想要示强的人和渴望战胜的人面前,男人绝不会倒苦水。

## 女人 寻求理解的示弱之道

女人通过互诉烦恼来建立情感联系。不少人通过和推心置腹的人聊天来释放压力。

丈夫不和你说烦心事，不是不信任你。身为妻子，不要勉强他。

# 男人不愿示弱
# 女人心怀不满寻求理解

　　妻子发牢骚时，丈夫不妨表示理解，说"你辛苦了"。即使错在她，也不要严肃地发表建议。丈夫可能觉得这种冗长又没有结论的谈话实在是煎熬，但为了让妻子振作起来，还是忍耐一下吧。况且，女人只会向亲近的人倒苦水。妻子愿意向你发牢骚，说明她信任你。

　　相反，女性朋友们或许觉得丈夫不肯倾诉是因为不相信自己，甚至因此难过，但这其实是自寻烦恼。男人的天性就是不愿示弱。与其一个劲儿地追问，不如不动声色地犒劳他，感谢他的付出。

# 结婚

## 男人 日常的起点

婚姻是爱情的延长线,这种想法仅在结婚之初才站得住脚。很快,结婚就从甜蜜的爱情过渡为日常生活的起点线,伴随着责任感和觉悟,长跑开始。婚后种种现实,男人都淡然接受。

## 女人 理想的终点

婚前对"结婚就是理想终点"深信不疑,婚后对现实失望不已。爱情变成柴米油盐,现实与理想相去甚远。事实越是如此,心中的不满越是加剧。

婚后，丈夫渴望朴素安逸，妻子追求光鲜亮丽。双方该如何妥协？

# 男人屈服于现实
# 女人放不下理想

  **婚后，男人淡然接受了现实，女人却无法割舍婚前勾勒的"婚姻生活"。** 理想与现实的差距让女人每天都活在不满当中。一旦彻底放下理想，对丈夫的体贴也就不再无微不至。为避免事态发展至此，丈夫记得在生日和纪念日当天多花心思，带她重温恋爱时的美好甜蜜。

  **比起家务和照顾孩子，妻子应当把注意力多放在自己的感受上。** 另外，不要将自己理想中的丈夫形象强加于对方。希望他为自己做什么的时候，可以说"你能这么做的话我会很开心！"。这样说的话，丈夫会义不容辞，交出一份令你满意的答卷。

# 吵架

## 男人 胜利之争

吵架开始的瞬间，便是男人斗争欲燃起之时。吵架时，男人的注意力集中于如何战胜对方，导致结局往往是"打了也不相识"，感情未得到丝毫加深。

## 女人 叙述之道

对女人而言，吵架不过是一种沟通方式，无所谓输赢。究其根本，吵架的目的是让对方明白自己的感受。

双方过分在意"输赢",会让家庭丧失仁义,沦为战场。

## 男人求胜心切
## 女人急于宣泄

　　**妻子挑起争端,多半是因为"寂寞""渴望被理解"**。此时,丈夫应当冷静倾听妻子的心声;如果忽略她的感受,一味求胜,只会让当前的情况演变成惨烈的修罗场。另外,妻子对丈夫所言过耳不忘,**丈夫若一时冲动对妻子进行人身攻击,她会一辈子耿耿于怀。**

　　"吵架"只会激活丈夫的攻击本能,所以妻子哪怕容易情绪化,也要加以控制。埋怨丈夫之前,先思考一下自己到底想要对方做什么。明确告诉他你的需求,才能得到他的理解。

# 联谊

## 男人 见证友谊之时

对男人而言，联谊会上的主要任务是观察。即便存在胜负，也是与自己相争，踏出一步即为胜利。男人有时会进行团队合作，互让喜欢的女孩。

## 女人 勾心斗角之地

女人联谊时，心里的竞争意识在熊熊燃烧，但她们细心谨慎，会让自己看起来若无其事。如果对方的条件不符合预期，联谊活动就会变成女性之间的聚会。

联谊的秘诀难道就是不要过于"自来熟",不要太"认真"!

## 男人的联谊等于喝酒聊天
## 女人希望通过联谊一举翻身

女人即使不明确表示,大多也都希望在联谊会上遇到那个"对的人"。因此,不论是假装未婚参加联谊,还是说着虚情假意的甜言蜜语,最终都会招致祸端。**能否成为恋人另当别论,男性朋友们应努力让相遇成为一场美好的邂逅,这也是联谊的铁则。**

女人如果过分执着于寻找合适的对象,很容易被男人套牢。**抱着轻松愉快的心情享受联谊会,最终更可能成就佳缘。**表现得太较真也可能伤害到其他女性朋友的感情。

# 逻辑

## 男人 | 高于一切的事物运行之理

对男人而言,逻辑是工作中经常运用到的能力,不容忽视。男人不容许感性的情绪凌驾于逻辑之上。

## 女人 | 脱离事实、令人不快的狡辩

女人明白逻辑在工作上的重要性,但是对于男人在人际关系或家庭生活中挥舞逻辑大棒的行为忍无可忍。女人认为,即便逻辑上正确,现实中也不适用。

女人在乎感受,她们眼中许多不言自明的事情有时会让男人一头雾水,心烦意乱。

## 男人的逻辑高于感受
## 女人的感受高于逻辑

男人在乎结果,重视效率和逻辑。然而,将这套逻辑优先的工作方式延伸到家庭生活,只会让妻子心生不悦。有许多事情,比如娱乐或旅游,是需要放下逻辑思维才能尽情享受的。**学会在私底下享受看似徒劳无益的事情,可以收获意向不到的结局。**

相反,女性朋友们需理解,不合逻辑是男人心烦意乱的根源。因此,**妻子想和丈夫分摊家务的时候,可以说"我认为这样做更加合理"。**这种语气远比诉诸感性,寻求"换位思考"的说服方式更有效。

# 体谅

## 男人 词典里找不到的词

对男人而言，体谅他人既非出于能力，又非个人习惯，没有必要。

受妻子责备时，他们会尝试"体谅"对方，但往往不得要领。

## 女人 揣摩人心，善解人意

对女人来说，通过场景和对话来想象对方的心情完全是顺理成章。

她们无法理解，为什么自己的丈夫连如此简单的事情都做不到。

心灵感应对男人毫不管用。不如直截了当地说"去收一下衣服"。

## 男人不懂得体谅他人
## 女人明知如此也希望男人体谅自己

妻子心情不好，叫苦叫累，冲你发牢骚，其实都是有求于你。因为她觉得，你如果重视她，就应该体谅她。丈夫要是胡乱出招的话，结果往往不能让她满意。这时不妨说："**我很关心你，但我不太懂你的意思，可以再解释一下吗？**"最重要的事情是让妻子明白，只有沟通才能让人感同身受，从而解决问题。

**女性朋友们也应当理解，未被求助决不插手，是男人的行事准则。**反过来讲，如果开门见山寻求帮助，男人多半二话不说就挺身而出。另外，最理想的表达方式是以"我"开头，比如"我想让你帮我……"。

# 寂寞

## 男人 不被理解时的感受

男人最大的痛苦，莫过于自己的想法得不到理解。如果旁人无法理解自己，倒不如独处来得更气定神闲。

## 女人 一种如影随形的感觉

女人会无缘无故感到寂寞。不想承认这份寂寞时，女人会假装糊涂，有时，她们会心里寂寞，却不自知。

外面到处都是敌人。好不容易回到家,怎么这儿也有敌人?

## 男人得不到妻子的理解而感到寂寞
## 女人无缘无故感到寂寞

女人寂寞,原因大多不明,有时甚至没有意义。男性朋友们应当理解,女人的心思比男人更加敏感细腻,**当她嘴上说"寂寞"时,比起追根究底,更重要的是陪在她身边。**

男人虽然在外身经百战,**但妻子身为最亲近的人,对丈夫的不理解会给他带来强烈的寂寞感。**唯有妻子成为自己最忠实的伙伴,最难得的知己,男人才有安全感,才能不断砥砺前行。因此,妻子要时刻警惕,不要让自己成为丈夫最大的敌人。

# 幸福

## (男人) 没有怨言

男人对"幸福"的思考和执着均不及女人。收入和家人生活等社会通用的标准就是男人衡量幸福的尺度。只要妻儿幸福，自己就幸福。

## (女人) 积累起来的美好感情

美味的食物、喜欢做的事情、精致的物品，都可以滋生女人的幸福感。凡是能激发美好感情的事物，哪怕看起来微不足道，都能成为女人的幸福之源。

在平淡无奇的日子里，献上一束鲜花，聊表感恩，即为女人眼中的幸福。

## 男人的幸福源于状态
## 女人的幸福源于情感

女人的"幸福"源于情感。纵是微小的事，亦有微小的幸福。在平淡无奇的日子里，一束鲜花、一块蛋糕，都可以让她们心花怒放。**丈夫能够多制造一些小幸福的话，妻子就算对婚姻有所不满，也会感到幸福。**

相反，对幸福的定义仍旧模糊不清的**男人认为，没有怨言即可谓之幸福**。这也体现出男人将现实情况置于情感之上的思维方式。对男人而言，幸福往往来源于"工作顺利"和"家人平安"等生活状态。

# 工作

## 男人 为争取某项东西而履行的义务

男人认为工作是本职，努力工作是为了赚钱，提高自我价值，实现个人成长，等等。工作的方式或内容如何，自己是否喜欢，都不如达成目的重要。

## 女人 自我实现的方式

女人工作的第一要义是赚钱，这一点和男人大体相同。不过，不同于男人的克制，女人不愿意为了谋生从事不喜欢的工作，因为这会令她们感到痛苦。

女人希望工作与个性兼得。未来，男人或许会逐渐向女人靠拢。

## 男人努力工作是为了家人
## 女人希望工作是为了自己

**男人不愿意吐露工作中的烦恼或不平**。但是这种烦恼，女人不一定都能察觉到，有时还以为对方乐在其中。因此，男性朋友们如果以工作为借口推辞的话很可能引起误会，让妻子觉得你自私自利，以个人时间为重。想要避免误会，可以在解释原因之前进行铺垫，强调家人的重要性，说"我当然知道家人最重要，所以我才……"。

相反，**虽说工作是为了安身立命，但女性朋友们应该尽量把工作和个人喜好结合起来**。强迫自己做不喜欢的工作不仅会影响健康，而且可能出现担惊受怕、郁郁寡欢的负面情绪。

# 嫉妒

## 男人 不想被人看到的感受

嫉妒意味着失败。在乎输赢的男人自然不肯承认自己在嫉妒,因此多表现为沉默寡言或恼羞成怒。男人嫉妒的频率没有女人高,不过嫉妒的对象可能是同性,也可能是异性。

## 女人 藏不住的感受

女人经常拿自己和身边的人做比较,嫉妒对女人来说是家常便饭。不过,女人的嫉妒可能只是单纯的羡慕,所以有时候会不自觉地表达出来。女人嫉妒的对象多为女性。

看着妻子和别人相谈甚欢，丈夫表面和和气气，其实正怒火中烧。

## 男人隐藏嫉妒心
## 女人用嫉妒考验爱情

　　女人的嫉妒往往是因为不自信，丈夫可以多鼓励对方："你是最棒的。"有时，女人会为了考验男人的爱而故意做出看似越界的行为，**丈夫不妨照顾下对方，假装自己打翻了"醋坛子"**。

　　从女人的角度来说，故意打翻丈夫的醋坛子可不是一个明智之举。男人是一种十分在意输赢的生物，**嫉妒在他们心里等同于失败。如果妻子故意让丈夫吃醋的话，他可能会恼羞成怒，最终自己也得不到好处。**

# 个人看法

**男人** 和别人不同是理所当然的事情

男人觉得，人只要表达出自己的想法，就无法避免与别人产生对立的情况。男人对自己的想法有充分的信心，但他们不喜欢对立，所以会尽量避免冲突。

**女人** 和别人不同会感到焦虑

女人希望得到别人的理解，因此总是尽可能和大家保持一致。她们害怕别人不接纳自己，容易随波逐流。

无论好坏，只要是大家的想法，就会让女人十分在意。

## 男人相信自己的观点
## 女人害怕自己的观点得不到肯定

男性朋友们即使不认可妻子的观点，也应该表示理解。上来就质疑的话很容易伤害到妻子，让她觉得自己整个人都被否定了。要想得到双方都满意的结论，关键是要冷静交流，不要全盘否定妻子的观点。

女性朋友们应尽量避免和男人争论是非对错。毕竟男人十分相信自己的观点，和他们争论对错只会让情况越来越糟糕。想要丈夫听自己的，可以用表达愿望的方式，说："我想这么做"。

# 老家

## 男人 安居之地

对男人来说，老家是从小到大生活的地方。在家里，自己想做什么就做什么。而且，自己对家里的一切十分熟悉，在家里可以彻底的放松。男人愿意带妻子回老家，不过会考虑妻子的想法。

## 女人 压力的老巢

女人把老家当成自己的依靠。偶尔回去一次可以，但不能住太久，因为和家人太熟悉，住太久的话反而会出现矛盾，增加心理压力。女人一般喜欢自己回老家，不喜欢带上丈夫。

男人在家里被照顾得无微不至,女人在家里无缘无故感到不安。

## 男人想和妻子回老家
## 女人想自己回老家

**任何一位儿媳在婆家都会留个心眼。**因此,妻子的开心只是表面的,丈夫千万不要以为她和自己一样满心欢喜。妻子陪你回家时,不要觉得这是她的义务。记得好好感谢她,否则她的不满早晚会爆发出来。另外,父母让你回家时不要擅自答应,应先和妻子商量再做决定。

**妻子要注意,过度依赖娘家,把丈夫排除在外,甚至向家人数落他,会让他对你的家人产生疏离感。**日后一旦家里出现特殊情况,他可能不愿意和你一起面对。

# 个性

## 男人 不顺从旁人

在男人眼里,所谓"个性"就是有一套自己的行事风格,按照自己的意愿行事,坚守自己珍重的事物。在工作中或体育竞技等需要团队协作的环境下,人应该压制自己的个性。

## 女人 真实地活着

女人认为,"个性"就是不勉强,不伪装,做真实的自己。对她们而言,个性是那个无人知晓的最真实的自己,能挥洒个性即为幸福。

"随他吧～随他吧～"女人如此喜欢"真实",或许是因为平日里不"真实"?

## 男人的个性 = 任性
## 女人的个性 = 幸福

　　电影《冰雪奇缘》上映后,主题曲"随他吧(Let it go)"大火。这反映出,**对女人而言,"做自己",即"真实地活着",是幸福的一大前提。** 然而,什么才是"真实的自己",只有女人自己清楚。男人如果轻易断言说"这可不像你啊",必然踩到她的"红线"。她不禁反问:"那你觉得我是什么样子的?"

　　**对男人而言,"个性"和"任性"如出一辙。** 高呼"个性"的女人会给男人留下任性的印象。因此,女性朋友们宜说"我想做……,我想成为……样的人"。

# 事业

## 男人 名利双收

一个男人愿意为功名利禄付出多少牺牲,程度因人而异。但不论如何,名利与自我实现直接挂钩,始终是男人前进的一大动力。男人将工作视为游戏,于他们而言,名利如同闯关升级,是一种乐趣。

## 女人 工资上涨

女人不像男人那样对名利感兴趣,对名利也没有特别的渴望。与此相比,女人更希望拥有稳定和金钱。有些人希望事业有成的是丈夫,而不是自己。

妻子很难为丈夫的事业发展感到由衷的高兴。工作忙了，那家庭呢？工资会涨吗？

## 男人在职场中"闯关升级"
## 女人在升职中"百感交集"

**男人通常觉得，只要自己事业有成，妻子一定喜笑颜开。然而，如果光顾着事业而忽视了家庭，可能只会让妻子不满。** 男性朋友们即使事业有成，也不可妄自尊大，把结果全部归功于自己，而应该对家人的支持表示感谢。

**面对升职和事业发展，女人多半都会犹豫，担心责任太大，自己承受不起。** 丈夫升职时，她们也会怀有同样的忧虑。女人可能会认为，"既然升职了，钱肯定也多了"，但事实上，并非所有的晋升都伴随着涨薪。如果丈夫十分开心的话，可以和他一同庆祝。男人如果能得到家人的肯定，一心只为事业，成为工作狂的概率就会减小。

# 兴趣爱好的时间

## 男人 再忙也要给自己留出来的时间

对男人而言，爱好就是在工作和家庭当中喘息的契机，它的存在必不可少。男人会尽力为自己的兴趣爱好留出时间。有些爱好需要资金投入，如果得不到理解，被家人责怪，就会心生不快。

## 女人 忙得只能推迟的私人时间

对女人来说，做自己所爱之事自然是快乐的，不过，如果在工作和照顾孩子上已经忙得不可开交，那爱好只能靠边站。对于许多新手妈妈而言，"带娃"就是她们的兴趣。

夫妻双方都需要"喘息"的时间。尊重彼此,才能建立理想的夫妻关系。

## 男人的热爱高于一切
## 女人将爱好视为消遣

男人一旦沉迷于某件事情,就对周遭的一切视而不见。丈夫沉浸于个人世界,与朋友相谈甚欢无可厚非,但应该先征得家人的理解,才能保证家庭和谐。**放松过后应当安抚一下妻子,主动帮忙做些家务,等等。**另外,丈夫也应该为妻子留出同样的私人时间,让她得到休息。

男人看重个人兴趣和私人时间。女性朋友们可以采用两全的方案,比如白天他可以随心所欲,但是晚上要帮孩子洗澡等。**另外,拥有个人爱好的女人更能理解并包容丈夫对爱好的执着。**

# 实话实说

## 男人 全盘托出

男人理解的"实话实说"就是将事情和盘托出。即便真相会伤害对方感情,但隐瞒真相的罪过更为深重。

## 女人 不说假话

对女人而言,比起说出真相,不伤害感情更为重要。女人说实话时的确不会说谎,但未必会全盘托出。

"我不会生气的,你实话实说。"把这话当真,麻烦就大了。

## 说谎让男人产生负罪感
## 伤害他人让女人产生负罪感

女人让你"实话实说",潜意识里是希望你不要伤及她的内心。因此,**无论她如何逼问,如有伤感情的事情也坚决不要说出口**。丈夫如果十分在乎妻子的感受,即便事情已经暴露无遗也不要全部坦白,宁肯说谎,誓死守住秘密。

**女人不把事情和盘托出是担心会伤害到对方。然而,男人反倒会觉得"她在说谎",内心更加受伤。**女性朋友们如果没有信心自己能隐瞒到底,最好如实坦白,以免徒增对他的伤害。

# 信任

## 男人 获得他人尊重的社会价值

对男人而言,信任是自己身份和地位的担保,与朋友、同事和客户之间的信任尤为重要。"值得信任的人"是最高的评价。

## 女人 值得信赖

女人虽然觉得信任聊胜于无,但对它并没有那么重视。原则上,女人相信自己的丈夫,但这份信任可能被近期的行动或情绪波动轻易瓦解。

让孩子树立起对"好爸爸"的信任也十分重要。妻子也大方支持他吧。

## 男人得不到"信任"内心苦楚
## 女人的"信任"视情况而定

对女人来说,"信任"的意思接近"信赖"。女人会对他人怀有期待,**一旦对方令自己失望,她们便会大怒道:"我再也不相信你了!"**此言虽出,但情况并没有男性朋友们所想的那般严重,因此不必过于在意。妻子只是抱怨你让她失望了而已。跟她道歉,说声"对不起,让你失望了",问题即可解决。

相反,**妻子千万不要轻易对丈夫说"我不相信你"**。对男人而言,这句话是完全意义上的否定评价,让他们感到羞耻。

# 喜欢

## 男人 说出口时切实存在的好感

男人的"喜欢"是一瞬间的情感。虽然他们相信这种瞬间将永远持续下去，但现实并非总是如此。此外，男人很难把"喜欢"和性行为划清界限。

## 女人 持续性的好感

女人认为，"喜欢"是需要时间培养的，恋爱经验越少的女人越容易把"喜欢"神圣化。女人"喜欢"的对象不仅限于异性，还包括各种各样的事物。

对女人来说，一句"喜欢"，分量十足，男性朋友切勿忘记这一点。

## 男人的"喜欢"在一瞬之间
## 女人的"喜欢"延绵不绝

对女人来说，"喜欢"代表绝对的真情实感。即便是在性行为期间不经意间脱口而出，事后也会对对方产生相应的感情。因此，**男性朋友们如果遇到了想好好珍惜的女生，记得对她说"我喜欢你"，即使每天说也不为过。**女人希望男人用语言表达感情，"被人爱着"的感觉会给她们带来能量。

相反，男人自知他们的"喜欢"只在一瞬之间，因此对"我喜欢你"这句话并不重视。**即使他不说"我喜欢你"，但只要"你们结婚了""他正为了家庭努力工作"等事实是成立的，他就是爱你的。**另外，妻子也要留意丈夫通过行动表达的爱。

# 随便

**男人** 你可以做自己想做的事

对男人而言,"随便"表示默认。这种默认有时包含着无奈或放弃,但往往没有恶意,也不意味着"撒手不管"。

**女人** 你可以做自己想做的事,但后果怎样我可不管

女人的"随便"多数情况下不是允许,而是轻微的威胁。她们期待男人听到这句话后会妥协。

出于母性本能,女人嘴上说"随便",心里还是放心不下,忍不住在一旁担心地看着孩子。

## 男人按照字面意思理解
## 女人言不由衷

"随便!"这句话说明女人不开心,在和你闹别扭。男性朋友们如果理解为自己可以随心所欲,那么双方的隔阂只会越来越大。女人此言一出,意味着事情很可能已经发展到十分复杂的境地。这时,只有以十足的耐心倾听她的想法,才能平息事端。这种方式或许耗时较长,但能让事情得到逐步解决。

女性朋友们要记得,男人都是按照字面意思理解别人的话。和丈夫沟通时,最好有话直说,不要口是心非。

# 素颜

## 男人 只给自己看的状态

女人妆前妆后的差距会让男人感到惊讶，但正因如此男人也对女人的素颜感到好奇。一般来说，男人不会因为这种差距而不喜欢对方。

## 女人 身心解放的放松状态

女人卸妆后，不仅是外貌，连同精神上的面具也被摘下。习惯了素颜的舒适后，化妆就变得越来越麻烦。

和他约会时，偶尔精心打扮一番，说不定能重燃爱情火花。

## 男人见妻子不打扮心情复杂
## 女人不打扮为求自在

女人愿意让你看她的素颜，说明她信任你。男性朋友们就算不希望她过于随意，让她化妆，也可能被严词拒绝道："你没有资格叫我化妆"。**正确的做法是，带妻子去精致的地方，让她产生打扮的动力。**

结婚越久，女人就越沉浸于素颜时的自在。相应地，被丈夫看到素颜时难为情的感觉也逐渐消失。**日常收拾一下自己，画个淡妆，不仅能重新找回做女人的乐趣，还能让丈夫的态度发生大转弯。**

# 老实

**男人** 老实 = 顺从

男人说的"老实",就是让她做什么她就做什么,不反驳。男人说自己喜欢"老实的人",指的是愿意听从他安排的人。

**女人** 老实 = 诚实

女人说的"老实",指的是诚实地说出自己的想法,是天真烂漫,是做自己时的悠然自得。

公司聚会上，丈夫说："你放松一点。"话音刚落，妻子便开始放飞自我。

## 男人希望妻子"老实"听话
## 女人希望丈夫"老实"待己

想让妻子好好听自己说话时，如果说"你就不能老老实实地听我说完吗"，会让她觉得"我好好听着呢"，然后开始自己的长篇大论。此时，更好的表达方式应该是"我希望你能尊重我""我希望你能听我把话说完"。

相反，对丈夫说"老实点"，可能会被他理解成"要听话"。如果你希望他听从内心，想了解他的真实想法，正确的表达方式应该是"我希望你可以直面自己的感受"。

# 责任

## 男人 必须履行的东西

对男人来说,责任是必须要遵守的约定,是非完成不可的重大任务,拥有十足的分量。

## 女人 做该做的事情

"责任"一词的分量在女人眼里比在男人眼里要轻得多,举手之劳也是责任的体现。女人觉得男人应该积极履行责任。

男人观念传统，肩负房贷和家人的生活在不断拼搏。女性朋友们偶尔犒劳一下他吧。

## 男人以"不负责任"为耻
## 女人对男人的"不负责任"感到无奈

　　**女人说男人"不负责任"**，不过是在责怪对方没有满足自己的愿望。虽然问题不是很严重，但是男性朋友们也应该主动一点。比如，当妻子说你在照顾孩子方面"不负责任"，那么就要拿出舍我其谁的态度。

　　丈夫没能满足自己的要求时，如果说他"不负责任"，他受到的伤害实际会超出你的预期。**建议女性朋友们和男人沟通时多使用表示请求的语气，比如"我希望你可以……"，而不是否定他的能力。**

# 对外人好

## 男人 为了得到社会的信任

男人不太喜欢听到这句评价,不过既然是成年人,举手投足就应该给别人留下好印象,而对家人就无须顾虑那么多。

## 女人 隐藏真实面目

女人认为,"对外人好"就是不以真面目示人,和"装老实"如出一辙。对于看重"真实"的女人而言,"对外人好"通常带有负面含义。

"在外人面前总是一副老好人的样子！"内外两副面孔，早晚有一天会暴露的。

## 男人在意外人如何看待自己
## 女人在意男人在家如何对待自己

如果丈夫在外被人信任，言谈举止稳重得体，女人会感到欣慰。然而，丈夫在家里的态度和在外人面前的态度区别很大的话，妻子会觉得你没把她放在心上，不禁怒火中烧。为了避免伤害到妻子，丈夫应该强调自己并没有忽视她，而是因为"在家里无须顾及旁人，很幸福"。

男人之所以对外人好，是因为在外人面前会紧张。妻子不妨多体谅丈夫，化怒气为同情。把丈夫在家的松懈当成放松，在外人面前多给他留面子。

# 尊敬

## 男人 对"优秀的普通人"的仰慕

男人的尊敬,是对能为自己所不能为者的敬佩之情。这种感情的对象通常是那些优秀的普通人,即能力强、地位高或收入高的人。他们也十分希望自己成为别人尊敬的对象。

## 女人 对人性的向往

女人尊敬的是人格魅力,比如有才华、温柔或内心强大,等等。女人对一个人尊敬与否与他人的看法无关,父母、朋友等亲近的人也可以成为她们尊敬的对象。女人经常对可靠的人产生仰慕之情。

妻子尊敬不尊敬你，可不只取决于你的业绩！她把你的一切都看在眼里。

## 男人想被当成优秀的人
## 女人想要可靠的人守护自己

男人不论地位有多高，收入多少，没有人格魅力，就无法赢得女人的尊敬。**如果女人说一个男人"不值得尊敬"，那么男人应该反思自己待人接物是否存在问题，而不是向她"秀肌肉"。**

**相反，受人"尊敬"对男人的重要性远超女人的想象。**妻子不要在丈夫面前提高"尊敬"的门槛，比如对他说"优秀的人才值得被尊敬"等。相反，可以在小事上多向他表示尊敬，比如佩服他"擅长整理""和孩子相处得好"，等等。听到这话，丈夫也会变得更加可靠。

# 减肥

**男人** 为了健康管理饮食，锻炼身体

发胖只要不影响健康，男人就毫无危机感。不过，尽管嘴上不说，男人对女人的身材变化其实十分敏感。

**女人** 为了变美控制饮食，锻炼身体

为了保持身材，女人时时刻刻都对减肥充满关注。有人把减肥当成爱好，愿意尝试各种各样的减肥方法。女人对丈夫的身材也十分敏感，身材走样会令她们失望。

我做了健康餐,他却开始盘算明天中午吃什么。偶尔做一顿,不要介意啦!

## 男人对身材漠不关心
## 女人对身材过于在意

　　女人比男人认为的要更关心自己的身材。因此,保险起见,男性朋友们最好不要评价对方的身材。减肥时克制食欲可能导致焦虑,产生自卑感。妻子如果出现上述情况,丈夫可以对她说:"如果你瘦下来后变得闷闷不乐,那我还是更喜欢你现在开开心心的样子。"相反,如果希望她变得苗条,最有效的方法是带她去时尚的场合,让她自愿打扮一番。

　　如果男人无意管理身材,女性朋友们就算费尽心思,多半也是徒劳无功。要想说服丈夫减肥,有效的理由不是"形象",而是"健康"。

# 没关系

**男人** 放心交给我

男人说"没关系",多数情况下是希望对方不要插手。不过在关乎健康的事情上,男人可能明知自己挺不住还嘴硬,女性朋友们要多加留意。

**女人** 放心交给我 / 帮帮我

女人的"没关系",意思视情况而定。多数情况下其实是希望对方帮忙,却又不想主动开口。

哪怕妻子说"没关系",能帮的忙也尽量帮。这是幸福婚姻的经营秘诀。

## 男人真的"没关系"
## 女人假装"没关系"

有些时候,妻子希望丈夫帮忙,却又不想主动开口,就会说"没关系"。抑或者自尊不允许,导致她们说了反话。**因此,丈夫一定要重视妻子的"没关系",根据情况选择是主动揽下任务,还是提供一些帮助。**相反,妻子如果真的不需要你帮忙,会直截了当地拒绝你。

**女性朋友们不用把男人的"没关系"放在心上。这时候说三道四反而会给他们添堵。**然而,事关健康的话,他们可能是在安慰自己不要担心。一旦情况不乐观,妻子应该考虑强行把丈夫带去医院看病。

# 你是我喜欢的类型

## 男人 我不讨厌你

只要长相过得去,男人来者不拒,所以通常不深究自己究竟喜欢什么类型的人。谁说自己是她喜欢的类型,男人就会注意谁。

## 女人 你是我喜欢的人

女人对自己喜欢的类型了然于心。在她们眼里,"你是我喜欢的类型"相当于告白。如果讨厌的人对自己说出这句话,女人会十分尴尬,甚至感到厌恶。

无论男女,谁对自己说"你是我喜欢的类型",他们就在意谁。除非遇见了真正的心上人,否则不要把这句话挂在嘴边。

## 男人的"你是我喜欢的类型"是搭讪
## 女人的"你是我喜欢的类型"是表白

男性朋友们说"你是我喜欢的类型"时,除非对方喜欢你,否则不会感到开心。说这句话的时候不要表现得轻浮。如果你已婚,她可能觉得你有意出轨。对女人而言,这句话的含义比男人认为的更深。

女人不允许丈夫对其他女人说"你是我喜欢的类型"。但是,男人说的"喜欢的类型"其实并无其他含义。即使丈夫之外的男人说他喜欢你这种类型的女性,女性朋友们也不要兴奋或厌恶,否则对方会觉得你很自恋。

# 对

## 男人 合理

男人判断对错的标准就是是否符合他们的逻辑。如果别人不认可他们的结论，相当于否定自己，男人会为此生气，或者深受打击。

## 女人 不同情况下标准不同

女人判断对错的标准灵活多变，经常前后矛盾，而且还受周围环境影响。

男人的"正确"坚不可摧。女人无力反驳,但心里并不承认。

# 男人的"正确"不容置疑
# 女人的"正确"变化多端

　　男性朋友们,无论你觉得自己的想法有多么"正确",如果强行让女人接受,结果一定不会如你所愿。女人在乎的不是逻辑是否合理,而是自己情感上能否接受。因此,男性朋友们应该多照顾她的情绪。

　　男人十分看重逻辑。妻子和丈夫讨论时不要感情用事,冷静下来,条理清晰地沟通,更容易让他接受。讨论时,"你不对"。先退一步,说"我觉得你是对的,但我认为……"这种表达方式更容易让男人坦然接受。

# 男女友谊

## 男人 对方把自己当朋友

男人不会把女人划分成"朋友"和"喜欢的人",而是依照对方的态度行事(但是,男人很难看出女人的态度)。如果女人有意,男人甚至可以直接当她的性伴侣。

## 女人 自己把对方当朋友

女人的男女友谊,指的是在"朋友"范畴之内的男性和自己的关系。在一些机缘巧合下,男人可能从"朋友"升级为"暧昧对象"。反之,前男友也可能成为"朋友"。

从朋友到恋人的升级过程，基本都是女人主导。她约了你，就认真对待吧！

## 男人通常顺应女人
## 女人有时伪装自己

女人可能因为害怕破坏当前的良好关系而声称对方是"朋友"。但男人很难看穿女人的伪装。**如果一个女人说你是"异性朋友"，最保险的做法是不要多想。**

女性朋友们要知道，把对自己有意思的人当朋友，对于对方来说是非常残酷的事情。**如果你真的希望和他成为朋友，就不要做出会让他产生误会的行为。**如果你对他的感情已经超出了友谊的范围却一直以朋友相待，那么对方是无法察觉到你的心意的。此外也要注意，男人也可以和朋友发生性关系。

# 出门前的准备

## 男人 收拾好自己

男人的准备是指收拾好自己,所以三两下就能完成。男人一般都很讨厌等待,女人动作慢会让他们不耐烦。另外,男人如果不知道准确的时间会感到焦虑,但是这不意味着自己必须严格遵守时间。

## 女人 为全家的出行做准备

女人出门前,要准备的事情比男人多,需要花时间。因此并非是不想守时,而是守不了时。

女人既要照顾孩子又要收拾一家人的行李，自然要花时间。帮她分担一下吧。

## 女人的出行准备让男人不解
## 男人的不解让女人恼火

**虽然等待的确会让人不耐烦，但是男性朋友们要理解，女人在准备上比男人更花时间。**如果你把孩子的准备工作全部交给了妻子，还对她发牢骚的话，她自然会冲你发火。出门前合理分配好时间，比如自己负责收拾孩子出门要用的物品，等等。这样既不会让自己在一旁干等，又能避免破坏妻子的心情。

**如果丈夫对时间斤斤计较，妻子不妨把事情交给他，让他忙碌起来。**男人不会因为自己耽误了时间而生气。不过，在一片慌乱之中对丈夫颐指气使容易破坏夫妻感情，所以记得要在出发前一天把任务交代给他。

# 信

## 男人 记事情的纸

男人除了写工作文件和简短的笔记之外,就没有记录的习惯。收到信时,男人会毫无来由地感到事情重大,被吓一跳。

## 女人 可以传达真实感受的方式

女人觉得男人和自己想法一样,通过文字书写,可以将所思所想不掺虚假地表达出来。女人收到信时会十分开心,因为纸上的话不掺杂谎言,而且可以时不时地翻阅。

克服害羞，在重要的日子，递上一封情书，她对你的爱将迅速升温！

# 男人不会写信
# 女人喜欢写信

　　信可以反复品读。一封寄托着爱与感恩的信，能让女人在每每翻阅时都沉浸在幸福之中。虽然大多数男人都不擅长写信，但没有比写信更能提升夫妻感情的方法了。**在特别的纪念日，别忘了递上一份信，即使是只言片语，亦是一片心意。**

　　男人的书信，即便内容朴实无华，女性朋友们也不必感到失望，更不应强行要求对方写信，毕竟男人本就不擅长写信。书信会给男人造成压力，**除非是十分重要的事情，一般情况下发消息给他即可。**

# 帮忙

**男人** 提供不超过 50% 的帮助

自己帮别人时，稍微施以援助之手就算帮忙。别人帮自己时，即便程度有限，也"聊胜于无"。

**女人** 不打算主动为之

在女人看来，"帮忙"只是提供辅助性的支持。女人帮助别人时并没有把对方的事情看得很重要，因此如果丈夫主动提出帮忙带孩子、做家务，女人才会生气。

照顾孩子明明是夫妻双方的责任，丈夫却说要帮忙照顾孩子，妻子顿时火冒三丈。

## 男人的帮忙 = 简单劳动
## 女人的帮忙 = 不负责任

对女人来说，"帮忙"一词意味着"虽然不是我的工作，但做一下也无妨"。丈夫如果在妻子做家务或照顾孩子时说"要我帮忙吗"，她很可能会勃然大怒，吼道："这本来就是你该干的事情好吗！"

相反，"帮忙"对男人来说只是"搭把手"。让男人"帮个忙"，他们大概率会毫不犹豫地答应。不过话又说回来，男人并不打算付出"搭把手"以外的劳动，所以他的帮忙很可能达不到你的期待。如果需要丈夫完成某件事，向他提出具体的要求才是明智之举。

# 同居

## 男人 和女朋友一起愉快地生活

同居意味着有更多的时间待在一起，有人帮忙分担房租和水电费，还没有婚后的心酸，百利而无一害。男人都希望自己的人生中有一次同居的经历。开始同居时，男人的内心不会有负担。

## 女人 试婚期

"我想和他过日子"是女人结婚的大前提。同居是婚前的准备阶段，是一项重大决定。

和结婚一样,同居前先见过双方家长,结果可能出乎意料地顺利。

## 男人享受"同居"本身
## 女人以"结婚"为目的

女人同居时,压力日益增加。男人如果只是因为"想和她多待在一起""经济压力减半""想要她亲手下厨"而轻易同居,必定会让对方感到不满。或许也正因如此,人们才总是说同居的情侣大概率会分手。

**如果对方确实有结婚的打算,男性朋友们最好考虑清楚要同居多久。**

**同居前,女性朋友们最好表明结婚的意图**,否则同居几年后也可能被分手。

即使对方不接受同居"试婚"也未必是坏事,至少可以避免日后在"离婚栏"中添上一笔。

# 哭

## 男人 羞耻的情感暴露

男人只允许自己在婚礼和葬礼上哭,在他人面前基本不会掉眼泪。实在忍不住的情况下,男人会离开现场,不让别人看到。

## 女人 自然的排毒现象

哭是情绪激动的表现,是平复高涨情绪的必要步骤。擅长撒娇的人,有时会把眼泪当武器。

女人哭时，男人的正确做法是安静地守在一旁。话虽如此，现实中应该不太可能做到……

# 男人不喜欢哭
# 女人忍不住哭

　　**女人哭的时候，正确做法是让她哭个痛快**。如果需要，男性朋友们一定要表达出对她的理解。等她哭完，倾听她的感受，安抚她的情绪。责怪她掉眼泪，只会给她留下长久的怨恨。

　　在男人面前哭，只会让他不知所措。无辜的泪水固然美好，但也不足以成为动摇男人的武器。另外，**男人深信哭是羞耻的行为，好男儿当不掉泪**。妻子如果看到丈夫掉眼泪，不妨先悄悄地离开，这也是对他的温柔。

# 无法理解

## 男人 她没理解我的看法

男人的"无法理解",指的是双方的看法相互矛盾。此时,他们很可能正为自己的观点没有得到公正评价而愤怒。

## 女人 他没理解我的感受

女人的"无法理解"指的并非对方的言行,而是"你没有理解我的感受""你在践踏我的感情"。

如果你找不到让对方接受的方法，说再多也无济于事。

# 男人不愿意改变自己的观点
# 女人不允许别人忽略自己的感受

女人说"无法理解"，并非不理解男人的言行，**而是相当于"无法原谅"**，说到底就是"你不顾及我的感受，我很生气"。女人说她"无法理解"的时候，男性朋友们首先要做的就是倾听她的感受。女人得到理解，情绪稳定下来后就会消气，也更容易接受旁人的意见。

**听到男人说"无法理解"，女性朋友们应该认真倾听他的想法，并有条理地阐述自己的感受和观点。**毕竟人在情绪激动时，可能无法领会对方的真意。

# 你想想办法

**男人** 按照我说的把事情处理好

男人说"你想想办法",是十分迫切地要求别人把问题处理好,但并不打算和对方商量,而是希望对方能按照自己的意思行事。

**女人** 把事情当成你自己的责任

女人说"你想想办法",是打算把自己力不能及的事情交给别人,也就是把事情通通推给对方。

"帮我想想办法！"把问题扔出去就撒手不管，对方可能自作主张，一意孤行。

## 男人对结果抱有预期
## 女人只想要帮助，无所谓结果

多数情况下，男人让妻子"想办法"，其实心里已经对结果有了预期。但是，女人以为对方要自己全权负责这件事情，所以可能会回绝，或者自作主张，独断专行。因此，**即使情况紧急，男性朋友们也尽可能交代清楚具体要求，才能得到自己想要的结果。**

女性朋友们，如果男人让你"想办法"，注意不要自作主张。冷静下来，问清楚自己要做什么，该怎么做，才能避免出现麻烦。相反，**如果想把事情全权交给他负责，最好明确告诉他"具体怎么做，交给你判断"**。

# 逃避

## 男人 把影响降到最低的办法

对男人而言,"逃避"指离开现场,转换话题,或者逃避责任,等等。如果逃避不了,男人会用生气或暴力方式来回避问题。

## 女人 事不关己、懦弱的应对方式

在女人眼里,逃避等于狡猾,人不能轻易逃避,逃避的行为不应该得到尊重。遇到问题,就应该认真面对。

"逃避"是男人的绝佳策略。女人穷追不舍,只会让事情变得麻烦。

## 男人准备拔腿就跑
## 女人不肯轻易放过

在女人眼里,"逃避"一般象征着"胆怯"。女人会考察男人"能不能认真面对",所以男性朋友们遇到问题不能轻易逃避。如果实在需要回避,务必先告诉她"自己需要时间来思考这个话题"。

女性朋友们可能很难原谅男人逃避自己,但他确实已经忙得焦头烂额了,深究下去只会让情况继续恶化。暂时放他一马,过段时间再重提问题才是建设性的解决办法。最好不要使用类似"别跑"的言辞,否则会把男人逼到走投无路的境地。

# 孕期

## 男人 一直坐立不安的日子

男人虽然十分期待宝宝出生，但不知该如何面对身体不断变化的妻子，而这种情感变化，更是让他们不知所措。由于不知道这些问题的答案，男人只好在摸索中陪妻子度过孕期。

## 女人 揭开丈夫真面目的时期

随着身体的变化，心情也像坐过山车一般跌宕起伏。在孕期，女人对丈夫的感情可能加深，也可能幻灭。

怀孕是女人不可控的时期。丈夫就理解下妻子如同过山车一般的情绪变化吧。

## 男人从头到尾不知所措
## 女人希望自己的焦虑得到理解

妻子怀孕后,丈夫不要有"生孩子是女人的事情"这种观念,积极关注妻子的身心变化,才能从容应对她的阴晴不定。**如果妻子怀孕期间能取得她完全的信任,日后的婚姻生活也会更加幸福。**

女性朋友们也要理解,自己怀孕时,丈夫也会感到焦虑不安。**面对同样未知的世界,不妨和他一起阅读与怀孕相关书籍,参加准父母培训班。**如果丈夫能成为坚实可靠的支柱,那么自己也能松一口气。

# 犒劳

## 男人 对辛劳表示最大的感谢

男人认为，犒劳是指"用自己的方式"尽心尽力地照顾对方，以表达自己的感激之情。别人犒劳自己时，也应该"尽心尽力"，如果程度不够，就会怒火中烧。

## 女人 聊表谢意

在女人眼里，"犒劳"和"感谢"没有太大区别。类似"一直以来辛苦你了""你向来是个可靠的人"的口头表达即为犒劳。"犒劳"别人无须过于郑重。

丈夫兴冲冲地为妻子做饭。妻子高兴的同时，也做好了收拾残局的准备。

## 男人按照自己的方式犒劳女人
## 女人用语言简单地犒劳男人

  **男人容易不顾对方的期待，按照自己的方式犒劳女人。**面对这种犒劳，女人虽然感恩，但也十分苦恼。最终，男人只是在浪费时间，没什么好处。犒劳对方之前，男性朋友们最好问清楚她的需求是什么。

  即便男人的所作所为不符合预期，女性朋友们也应大方感谢他的辛勤付出。**男人基本上看不出女人在期待什么。如果真能对症下药，堪称奇迹。抱着这样的心态接受他的犒劳，自己也不会感到负担。**另外，想犒劳男人，不能只有甜言蜜语，还要做出具体行动，比如亲手下厨，等等。

# 年薪

## 男人 人的价值本身

男人把年薪高低和人的价值画等号。当得知有人年薪高于自己时，会十分沮丧。男人容易陷入"想知道别人的年薪却又害怕知道"的矛盾处境。

## 女人 自己心安所需的要素

年薪高自然是最好不过，但更重要的是，自己在当前情况下能过上什么样水平的生活，能存多少钱。对数字本身，要求不是那么苛刻。

与丈夫聊天时，无意提到"年薪"，伤到丈夫的自尊……

## 男人用年薪衡量自己的价值
## 女人聊年薪挫伤男人的自尊

"我赚钱养家，你闭嘴！"在日本昭和时期（1926—1989），男人说这话，后果如何尚不得而知。但在今天，如此傲慢的人必将不会为社会和家庭所容。**男性朋友们应转变观念，身为这个家庭的一员，不论年薪多高，都应该打扫卫生、照顾孩子。**

相反，对男人来说，年薪是一个敏感的话题，女性朋友们当予以理解，**不可随意谈起别人的年薪，也不要拿丈夫和别人作比较。**嫌丈夫收入低，对他来说是一种人身攻击，会严重伤害他的自尊。

# 年龄

## 男人 好奇

对方的年龄在自己之上还是之下,决定着自己该以何种态度和她相处。因此,在不知道年龄的情况下交往,对男人来说压力很大。要想互相敞开心扉,也应该先知道对方的年龄。

## 女人 不想被人知道

女人不认为只有年轻才是资本。但她们会在意旁人的眼光,年龄越大,越想隐藏自己的年龄。

除非关系很好，否则直接询问女性的年龄只会让她们反感。

# 男人在意对方的年龄高低
# 女人不愿被男人以"龄"取人

"男人最好是找比自己年轻的女人"，这种择偶观在今天的日本依然盛行。在此背景下，男性朋友们不要轻易询问女人的年龄。实际上，女人很少会因为年下男（比自己年龄小的男性）对自己举止亲昵而感到不自在。平时多和妻子聊聊大龄女人的魅力，可以让她放下对年龄的抗拒，在优雅中自然老去。

相反，驻留青春对女人来说虽然至关重要，可一旦走火入魔便会被年龄束缚。和年长却不失优雅的女性交朋友，方能让自己摆脱年龄焦虑。

# 第一次

**男人** 没做过,不知所措

对于未曾经历过的事情,男人持消极态度。如果只是亲身经历的延伸,试一下倒也无妨。

**女人** 没做过,兴奋得手舞足蹈

女人对"新事物"和"新鲜体验"感到心潮澎湃,认为尝试是值得的。她们也乐于尝试新品、新款或新开业的门店。

第一次到一家店,女人兴致勃勃,男人却想东想西,悬着一颗心。

## 变化让男人不知所措
## 变化让女人望眼欲穿

　　这个标题或许出乎你的意料。女人的确比男人更热衷于挑战。**女人喜欢"变化"和"未知",她们愿意去尝试一些男人看了都会犹豫不决的事情。** 男性朋友们不妨大胆接受她的邀请,说不定会看到不一样的世界。

　　男人排斥极端的变化。女性朋友们如果想改变风格,可以从发型开始转变,逐步过渡到穿着打扮。**如果从头到脚同时出现变化,男人会感到无所适从。**

# 反省

**男人** 多加注意,今后一定不犯

从儿时起,男人就经常被大人要求反省,所以反省对男人而言易如反掌。反过来说,男人通常认为反省本身便足已解决问题,所以教训不会在男人的脑海里停留太久,他们很快又会犯同样的错误。

**女人** 思考自己错在哪里

女人的"反省"指反思并分析自己的行为,但结论未必是"错在于我"。女人擅长装成已经反省完毕的样子。

在承认错误上，女人其实比男人更不擅长。这种反省难道是一种演技？

## 男人反省时诚心诚意
## 女人反省时口是心非

对女人而言，"我好好反省了"只是一句说辞。她们并不承认问题完全出在自己身上，只是觉得自己虽然有错，但也无可奈何。不过，如果妻子承认了自己的错误，那么男性朋友们不妨大人有大量，表示责任也在自己，不完全在她。

男人的反省十分简单，即"对不起，下次不敢了"。但是，男人屡教不改。嘴上说着反省，其实后悔之意只存在于反省的瞬间，今后可能依然重蹈覆辙。

# 外遇

## 男人 已婚人士出轨

当男人觉得"这个家不需要我，我在家没有立足之地"时，空虚感便油然而生，最终一不小心便走上了"出轨（21页）"的路。但是，男人认为外遇只是在外拈花惹草，即使有外遇一般也不会考虑离婚。

## 女人 有失人类道德的行为

外遇是身而为人不可原谅的事情。自己只有在对丈夫充满怨言，多次想过离婚的情况下才会在外偷腥。女人觉得婚内出轨败坏道德，天理难容。自己出轨的话已无回头路，因此也会付出真心。

女人受过的伤，永生难忘。怀孕时丈夫出轨就是最好的例子。

## 男人出轨并非有意
## 女人出轨寻求温情

在怀孕和育儿期间，女人的激素分泌不稳定，情绪起伏较大。**男人如果在此时出轨，即使并非有意，也会成为妻子的眼中刺、肉中钉，最终导致感情破裂**。相反，女人出轨时容易付出真心。男性朋友们如果不希望这种事情发生在妻子身上的话，平时记得多对她说甜言蜜语。

**男人如果在家不被需要，得不到尊重，就可能向外寻求慰藉**。把家务和照顾孩子的工作全部交给丈夫，只会让他筋疲力尽。适当让他帮忙，感激他的付出，方能让他找到在家里的立足之地。不制造心灵的隔阂，互相体谅并感谢对方，才是避免丈夫出轨的最好办法。

# 礼物

## 男人 应该开心收下的赠礼

男人并不讨厌送礼物这件事情本身，但由于猜不出对方想要什么，所以挑礼物时容易投己所好。相反，自己的东西，男人喜欢自己买。

## 女人 表达心意的赠礼

女人喜欢礼物，不论是送给别人的，还是别人送给自己的。收到的礼物如果合心意，女人会十分开心。如果不合心意，她们可能感到失望，觉得对方不了解自己的喜好。

礼物按照个人喜好挑选,大概率会"翻车"。应该调查一下对方想要什么。

## 男人的礼物要匹配需求
## 女人的礼物要贴合感受

如果礼物能让对方感受到你的心意,她自然会喜笑颜开。但如果只是为了摆架子,送的礼不合心意,女人会十分不满,觉得你对她一无所知。挑礼物的最佳方式,就是根据平日里的观察,选择最合她心意的物品。如果嫌麻烦,也可以直接问她想要什么,才能万无一失。**送礼时,在她提出的礼物之外,可以再准备一份额外的惊喜**。平常的日子里备上一份礼物,亦能让她喜出望外。

**男人的喜好其实十分明确,因此想要找到能让他发自内心喜欢的礼物其实很不容易**。女性朋友们可以和他一起挑选,或者选择他平时不会购买的实用品。

# 夸奖

## 男人 对结果的认可

男人认可的基本是"结果"。在公司,男人知道如何表扬下属,例如"签约的事,做得不错"。然而一回到家,他们就丧失了夸人的能力。男人特别喜欢被人夸。他人的称赞是男人成长的动力源。

## 女人 对变化的正面评价

女人对细微的变化十分敏锐,会互相夸对方,比如"你换发型了?""你这条新裙子很好看"。女人刻意做出的改变或努力如果得到肯定,就会十分高兴。她们希望男人也能如此夸自己。

做家务，照顾孩子，日复一日的功劳确实很难得到认可。所以才要夸她！

## 男人的夸奖居高临下
## 女人的夸奖看人脸色

男人做事看重结果。做家务和照顾孩子，成果并非一日就能显现，男人自然不知从何夸起。而且，就算表扬妻子"你真棒"，听起来也是居高临下。**既然如此，与其夸她，倒不如感谢她的付出**。另外，丈夫还可以称赞妻子的变化，比如夸她剪的发型很好看，等等。

女性朋友们夸丈夫时，一定要把重点放在结果上。比如，夸他工作努力，让家里多存了一笔钱；洗碗洗得很认真，盘子刷得很干净……这种夸奖方式能不断激发男人的斗志。另外，**在外人面前表扬他，或者将别人对他的肯定转达给他，也能得到同样的效果**。

# 认真

## 男人 严肃对待的决心

男人的"认真"是一种强烈的决心。他们的心理活动是:"我一定要做到这件事情"。这种决心不一定会一直持续下去,但通常能维持较长时间。

## 女人 不是开玩笑的态度

女人的"认真",是希望别人重视自己的心情或想法。1小时后,她们的心思就飘向了别处,"认真"也随之消失。

女人有爆发力，男人有耐力。

# 男人的"认真"是决心
# 女人的"认真"是情感

男性朋友们最好不要把女人的"认真"当真。**这并非指她说这话时虚情假意，而是因为这份"认真"不会持续太久。**女人表示自己"很认真"，是希望对方能认真倾听自己的言语。如果不把她的话当回事，她可能会生你的气。

**对男人来说，"认真"这个词的程度比女人认为的要严重。**闹离婚时，妻子如果说自己是"认真的"，丈夫可能真的下定决心选择离婚。因此，女性朋友们要谨记，切勿在冲动时将"认真"脱口而出。

# 严肃

## 男人 死脑筋

在男人眼里,"严肃"的本意虽然是夸人"老实",但也有"无趣"的含义。男人不会夸别人"严肃",也不喜欢别人说自己"严肃"。

## 女人 踏实可靠

女人年轻的时候不太关心男朋友是否严肃。然而,一旦进入谈婚论嫁的时候,女人就希望男人严肃一点。不过,女人也不喜欢自己被当成"严肃"的人。

以前嫌他无聊，谈婚论嫁时却期待他成为一个好爸爸。女人就是这么现实。

## 男人不喜欢被当成严肃的人
## 严肃的男人能给女人带来安全感

"严肃"似乎是一个褒义词，但会给人"无趣""没有魅力"的印象。因此，男人和女人都不太喜欢听到别人说自己"严肃"。

"严肃"究竟是夸奖还是嘲讽，需要看具体的语境。男性朋友们可能都对"严肃"这个词比较反感，觉得说这种话的人瞧不起自己。但是，对待婚姻和工作时一定要态度严肃，这是作为妻子的底线。

女性朋友们要知道，在男人眼里"严肃"这个词带有贬义。因此，尽管你是真心实意地称赞对方，但他未必会感到开心。

# 修边幅

**男人** 出门和在家都穿一样的衣服

到底应不应该"修边幅",态度因人而异。修边幅的人觉得无论男女,工作和休息时都应该穿着得体。相反,不修边幅的人连工作日都穿得很随意,而且会对女人打扮前和打扮后的差距感到震惊。

**女人** 出门穿得体的衣服

女人不管在家里什么模样,出门的时候一定要精致,约会时一定要清爽,约会对象也应该打扮得干净利落。

妻子在丈夫面前邋邋遢遢。原来这就是信任？

## 男人工作休息着装一致
## 女人在外精致在家随意

对女人来说，在外精致既是取悦自己，也是一种自我表达，而在家只需素颜。这种随意是一种放松，不是太过分的话，男性朋友们就包容一下吧。**不过，百年热恋也可能有降温的一天，如果看腻了她随意的样子，不妨夸她两句，"你穿短裙的样子特别可爱"。听到这话，女人可能心血来潮打扮一番。**

带丈夫见朋友时，妻子可能希望丈夫穿得更加帅气一点，就发号施令说"你给我穿这个"。但这种方式容易引起丈夫的抗议，他会觉得你在嫌弃他平时的着装，或者会对突如其来的打扮感到害羞。**正确做法是从日常穿着开始，一点点提升他的审美。**

# 前任

## 男人 以前的对象

恋爱关系结束后,男人一般会和前任断绝联系。如果还存在某种联系,要么是因为自己太温柔,要么是因为余情未了,念念不忘。

## 女人 十分了解自己的异性

恋爱时,女人会在对方面前将自己的各种情绪毫无保留地宣泄出来。因此,对女人来说,前任是可以依靠的存在。如果双方和平分手,女人希望对方可以当自己的异性朋友。

妻子介绍前男友为"朋友"。丈夫不能理解。

## 男人的温柔不仅限于另一半
## 女人的依赖不仅限于另一半

很多女人在分手后依然希望和对方做朋友，但却不希望自己的丈夫或男朋友身边存在这样的女人。**男性朋友们如果想好好珍惜现在的感情，务必和前任保持好距离。**

谁都不想失去一位懂自己的朋友。但是保险起见，最好还是不要告诉另一半自己和前任还是朋友，哪怕你们之间真的只剩下单纯的友谊。

**如果你不希望自己的另一半和他/她的"前任朋友"见面，那么直接告诉他/她你不同意。**

# 约定

## 男人 相互之间的规定和规矩

男人认为，约定在社会关系中起到重要的作用，但是在异性之间，受约定束缚的基本只有自己。被迫达成约定时，男人自知应该遵守，但违反的话也怨不得自己。

## 女人 用来控制对方的规定

女人达成约定，通常是为了让对方满足自己的愿望。她们深信，异性之间的约定必须严格遵守。不论有何种理由，达成的约定就应该遵守。

轻易约定，会给双方带来痛苦的结果。有时也需要鼓起勇气拒绝对方。

## 男人不喜欢约定 女人相信约定

女人喜欢约定，认为"约定就是用来遵守的"，对约定的效力深信不疑。约定对女人而言十分重要，男人打破约定，自然会让女人火冒三丈。**男性朋友们务必要遵守和她的约定，或者至少也要装作自己在恪守承诺**。如果她的条件让你难以接受，一定要严词拒绝。

在男人眼里，没有什么比约定更能束缚人的东西。**女性朋友们如果强行用约定来约束对方，他不仅会奋起反击，如实遵守的概率也很低**。与其如此，倒不如换种方式，向他寻求帮助，可能得到更令你满意的结果。

# 职责

## 男人 应完成的使命

在男人眼中，职责就是"应该"，比如"身为父亲，我应该……""身为丈夫，我应该……"男人履行职责，就像英雄拯救世界一样积极。

## 女人 加到自己身上的义务

女人对自己主动承担的职责很积极，对被人强加的职责感到抵触。

女人多副面具戴久了，有时也想做回"真正的自己"。

## 男人喜欢履行职责
## 女人不愿被职责束缚

**女人都想活出"自己"的风采，对诸如"为人妻应该……""为人母应该……"的观念深感厌恶。**"职责"一词在女人眼里带有"强加于人"的含义，会刺痛她们的神经。男性朋友们如果不想引起对方的逆反心理的话，应避免用强加于人的语气和与"职责"相关的词，可以说"这件事还是你做得好"。

**男人强调"职责"，表明他们愿意履行身为"丈夫"和"父亲"的责任。理解丈夫的心情，才能减少内心的不解和抵触情绪。**

# 温柔的人

## 男人 温柔的人任人摆布

男人认为，温柔的人十分能隐忍，总是无条件答应别人。温柔的人看起来"唯唯诺诺""软弱无能"。面对别人不分青红皂白要求自己温柔的行为，男人十分抵触。

## 女人 温柔的人会在我有需要的时候提供帮助

在女人眼里，男人的温柔就是会主动施以援手。女人觉得自己很温柔，也希望男人像自己一样温柔。

无论男女都想被温柔以待。不如先从自己温柔待他／她开始吧。

## 男人的温柔需要女人提醒
## 女人渴望的是无须提醒的温柔

什么是温柔？如果男性朋友们觉得答应女人的一切要求就是温柔，那就大错特错了。女人希望你"温柔一点"时，你总是不情不愿，并开始琢磨"她到底还想要什么"，那么你其实并没有理解温柔的含义。**女人想要的温柔，是你在她开口之前就能察觉到她的需求，并伸出援助之手**。如果不知该从何做起，那就直接询问她的想法。

**女性朋友们也应该主动向对方寻求帮助，而不是等对方察觉你的需求**。不对他发号施令，他就会温柔待你，哪怕这种温柔可能不符合你的预期。

# 不想干就别干了

**男人** 就算不干，问题总能解决

男人说这句话，单纯是想让对方放心，不存在口是心非或者放弃争论的情况。

**女人** 我全干了，你满意吗？

女人说这句话有两种可能，一种是让对方把事情交给自己，另一种是抱怨对方把事情都丢给自己。如果是别人对自己这么说的话，女人会忍不住反问："我不干的话谁来干？"

> 不想干就别干了

"不想干就别干了。"你说着轻松,我可受不了把事情扔一边不管。

## 男人可以把没干完的活扔在一旁
## 没干完的活会让女人感到焦虑

"你不想干就别干了。""不行,我必须做完。"男人出于好意,可女人并不领情,因为没做完的事会让她感到焦虑。**男性朋友们主动帮她分担工作,才是真正的体贴对方。**与此相对,女人说"你不想干就别干了"时,通常暗含讽刺之意,真正的意思其实是"全交给我就行了是吧?"

**男人说这句话时并没有言外之意,因此妻子听丈夫的安排即可,不必过度曲解他的意思。**当然,也可以借力打力,把事情推给他。

# 友谊

## 男人 在合作中产生的亲近感

男人的友谊是一起运动、工作时产生的感情。友谊一旦出现便不可动摇，即使不频繁联系也会一直存在。

## 女人 在共鸣中产生的亲近感

女人的友谊在互诉心肠中不断加强。双方的人生道路一旦岔开，友谊也风流云散。

"交流"对女人来说十分重要。人生阶段不同，朋友圈也在变化。

## 男人的友谊地久天长
## 女人的友谊风云变幻

**"共鸣"是女人友谊的基石，人生阶段不同，友谊也在变化。** 当妻子在友谊上出现问题，深陷孤独时，身为丈夫应扮演好倾听者和朋友的角色。如果抛下妻子去和朋友见面，过后应补偿她，视情况做出退让。如果能融入妻子的朋友圈，那么之后你和朋友出去玩的时候，妻子会表现得更加懂事。

**男人消愁解闷，基本靠朋友，女性朋友们应理解这一点**，尊重丈夫的自由，而不是埋怨他。只有这样，丈夫才会更体贴自己。

# 陪对方出门

**男人** 虽然是义务,但应得到感谢

男人不认为陪别人出门有什么意义。陪妻子出门对男人来说很无趣。如果自己陪妻子出门,理应得到感谢。

**女人** 相当于做慈善,得到感谢会很开心

女人对陪男人出门这件事情本身没有不满,但如果自己的陪伴被当成理所当然,便会心生不快。她们愿意陪对方出门当然不是为了那一句"谢谢",但还是期待对方能感谢自己。

最理想的状态是：陪对方出门时，自己也有乐可图。

## 男人的陪伴有违本意
## 女人的陪伴出于好意

**男性朋友们陪女人出门时，即便内心抗拒，也不能让她看出来**，否则只会落得吃力不讨好的下场。反之，即使对方看起来十分愿意陪自己，事后也别忘了对她说声"谢谢"。

男人对"陪别人出门"这件事情本身就感到害怕。女性朋友们记得感谢他的陪伴和帮助，以安抚他的情绪。**不需要他陪你的时候尽量不要叫他，以免引起不必要的矛盾。**

# 喝醉

## 男人 发泄情绪，生活中不可或缺

除了喝酒，男人基本上没有其他的解压方式。快乐时借酒助兴，难过时借酒消愁。

## 女人 特别的、愉悦的状态

女人结婚生子后，喝醉的机会越来越少。有人因此对醉酒产生了强烈的渴望。如果丈夫一个人喝得不省人事，女人心里会愤愤不平。

两个人要是能一起喝醉，开心地释放压力，那就太好了！

# 男人不想看到妻子的丑态
# 女人难得喝酒就要喝到天昏地暗

  女人和男人一样，偶尔也想痛饮一把；愁越多，瘾越大。丈夫不想让妻子喝醉的话，平日里就要学会帮她解压。**站在她的角度关心她，劝她说"你喝多了我会担心"，她会更容易听进去，主动克制自己的酒瘾。**

  自己喝多时，如果丈夫了说不好听的话，妻子可能会立马回击"你不也是吗？"**然而，丈夫的责备其实是出于对你的关心和爱护。不要望文生义，试着去体会背后的感情，才能明白对方的心意。**

# 离婚

## 男人　婚姻的失败

男人保守又在意世人看法，对离婚唯恐避之不及。他们难以接受婚姻的"失败"。几乎没有理由能让男人离婚。

## 女人　人生新起点

女人重视婚姻，对结婚充满期待。正因如此，离婚时也是毅然决然。决定离婚后，她们便会积极地看待这件事情。离婚是女人婚后的一张"底牌"。她们伺机而动，一旦时机成熟，立马攻其不备。

对虚荣心强、思想保守的男人而言，离婚基本不在讨论范围之内，所以才成了妻子的底牌。

## 男人基本不考虑离婚
## 女人经常考虑离婚

妻子提"离婚"，多数是一时冲动。**丈夫应保持冷静，等她心情平复后，基本能大事化小，小事化了**。不过，一直闹离婚的妻子如果突然转变态度，那么她可能是在等待时机……

不同于女人会把日常的不满与离婚相关联，男人思想保守，认为离婚不现实。如果妻子动不动就提离婚，丈夫可能会心生厌倦，开始考虑离婚的可能性。**女性朋友们如果不是动真格，切勿把"离婚"挂在嘴上。**

# 理想的夫妻关系

## 男人 想都不想

男人基本不思考这个问题。就算思考，顶多是把父母当成范本或者反面教材。男人希望婚后双方的关系和婚前一样自由。

## 女人 从儿时起勾画至今

女人对婚姻充满期待。她们也一直在想象，美好的夫妻关系应该是相敬如宾、相亲相爱、相得益彰，等等。想象过于美好，以致其容易幻灭。

女人的理想太丰满,男人的理想太贫瘠。或许真正理想的夫妻关系就是慢慢磨合。

# 男人追求自由胜过理想
# 女人对理想的勾画从未停下

理想因人而异,丈夫应该问清楚妻子认为的夫妻关系是什么样子的。一般来说,女人希望丈夫重视纪念日,既赚钱又顾家。

男人可以没有理想,但不能没有自由。**女性朋友们婚后也需适当保持距离,给丈夫留出自由的时间和空间。**另外,**男人最大的幸福莫过于妻子开心**。女性朋友们不宜过度追求理想。和和气气,就足以让男人对婚姻生活感到满足。

# 旅游

## 男人 去不熟悉的地方

虽然也有喜欢旅游的人，但大多数男人还是更愿意在家做自己喜欢的事情。如果是全家人一起去旅游，男人通常没有选择，只能无奈地跟着大家。旅游时，只有去熟悉的地方，住熟悉的旅店才会感到放松。

## 女人 一种享受，让自己从日常生活中解放出来

旅游可以让女人从家务和工作等各种事情中解放出来，转换心情。没去过的地方，没做过的事情，都会让她们激动不已。话虽如此，看到丈夫不感兴趣的样子，她们会觉得"与其这样，我还不如一个人去，或者和朋友去"。

> 最理想的旅游方式，就是两个人一起慢慢尝试想做的事。

# 陌生让男人惶惶不安
# 新鲜让女人兴奋不已

男人重视效率，有些许的麻烦就会让他们焦虑不安，而女人不仅享受包括麻烦在内的一切，还希望丈夫能和自己一起享受。旅游的主要目的就是将自己从日常生活中解放出来。**如果下榻的旅馆是公寓式酒店，建议丈夫揽下做饭的重任，让妻子得到彻底的放松。**

男人只有在熟悉的环境中才能放松，因此旅游于他们而言更像是一种"家庭服务"。如果丈夫不情愿的话，一声感谢或许就能让他心情好转。不过，快乐还是应该一起分享，**记得在行程里加入他感兴趣的活动。**

# 晚年

## 男人　充满焦虑的人生后半程

越是努力工作的人，越是对晚年感到不安。虽然心里有"夫妻共享天伦之乐"的美好画像，但找不到画图的笔墨纸砚。另外，身体健康和财产状况是否会出现问题也让人担忧。

## 女人　充满乐趣的人生后半程

人到晚年，就可以从各种事情中解放出来，尽情享受自己所爱之事，堪称人生的第二个青春。希望丈夫不要妨碍自己享受晚年。

退休后，夫妻感情如何才能真正见分晓。他/她能成为我的"驴友"吗？

## 妻子是男人晚年的依靠
## 独自享乐是女人晚年的追求

男人如果一直把孩子和家务都交给妻子，老了之后在家里很可能没有立足之地。**趁年轻时不遗余力地支持她，打好坚实的情感基础，方能享有幸福的晚年。**此外，与其让自己的晚年无所事事，不如提早准备，提升一下家务本领，或者找到自己热衷的事。

男人越是工作狂，退休后越容易骤然衰老。女性朋友们希望独自享受晚年的心情可以理解，但通过共担家务，共同参与社交，或者陪丈夫逐梦等方式和他**共享天伦之乐，才能让自己的人生更加充实。**

# 浪漫

## 男人 戏剧性的表现

男人本质上并不懂浪漫,只是通过让女人心潮澎湃的电影和电视剧情节来推测浪漫的含义。不过,男人一直追逐的冒险、梦想、强大、成功,等等,其实也是浪漫。

## 女人 美好的氛围

烛光闪烁,甜言蜜语……女人渴望的浪漫不过是一种氛围。一个女人可能看起来很现实,但是被迪士尼公主、少女漫画和韩剧"洗脑"过后,对浪漫的渴望就一直萦绕于心。

什么，在这求婚？！男人的浪漫容易"翻车"。

## 男人不懂浪漫
## 女人向往浪漫

**女人憧憬的浪漫，是不脱离现实的浪漫。**对浪漫毫无概念的男性朋友们不妨看看少女漫画和韩剧，想必能长不少见识。一个浪漫的惊喜一定会让女人为之所动，但说起来容易做起来难，究竟是惊喜还是惊吓，成败仅一步之遥。

对丈夫不得要领的"浪漫"无动于衷是十分残忍的行为。**"浪漫"在男人眼里是一个艰深晦涩的话题，看在丈夫努力让自己开心的份儿上，颁给他一个勤奋奖吧。**这也是对丈夫的一种体贴。

# 结语

**梅津贵阳**
——站在男人的立场纵观全局

在写这本书的过程中,我深刻体会到男人和女人在思维上的不同。当然,人类复杂多样,同性之间思想也未必相同。因此,我们竭尽全力,确保书中的观点足以代表绝大部分男性或女性的意志。

然而,这些观点依然鲜明地反映出男女之间存在巨大的差异,这实在令我惊叹不已。

生于同一个国家,说着同一种语言的人们,为何仅因性别不同,就能有如此大的区别?我对此颇为好奇。不过这并非本书所论之事。本书的目的,是将男人和女人在语言理解上的不同及其背后的思维差异,以词典的形式呈现在读者面前。

各位读者在与异性交谈过程中,如果无法理解对方所言之意,不妨翻阅本书。若阅读此书时,各位能收获些许快乐与启发,了解男人和女人在语言理解上有何不同之处，从而加深对彼此的认识，我便心满意足。

恕我大言不惭，本书面向的主要群体虽然是已婚人士，但不论是否已婚，只要详尽阅读本书内容，定能在恋爱或职场中坚实与异性之间的情感友谊。衷心希望各位读者在阅读此书后，都能过上幸福而富有意义的生活。

最后，本书得以付梓，无疑是所有相关人士的努力成果。在此，我想感谢绘本作家蒲生智衣女士，在听取我的创作意图后将两位合著者引荐于我；感谢此书合著者——长谷川美加女士和小林奈保女士，你们带着实现男女和谐共处的美好愿景与热情陪我走到最后，不顾工作辛劳与我共成此书，我在感激之余，对你们更是万分钦佩；同时还要衷心感谢行事雷厉风行的 Discover21 出版社编辑大竹朝子女士，感谢您对我们三位著者无微不至的关心和支持。

## 长谷川美加
### ——从孩子的角度看笨拙相爱的父母

我的父母,是一对关系扭曲的夫妻。总的来说,扭曲的是我的母亲。如今,他们已离开人世,追忆往昔,我不禁觉得他们或许也曾爱着彼此。

如果把夫妻间的沟通比作打棒球,那我的父母打起球来绝不是恩恩爱爱,你来我往;相反,他们总令在一旁看球的人摸不着头脑。母亲如果没接到球,总是会耷拉着脑袋往板凳上一坐。但有的时候,她会出其不意跳上台投出一记怪球,让父亲防不胜防。球投出去后,母亲又坐回板凳上继续闹别扭(母亲希望父亲好好听她说话,理解她)。

父亲喜欢炫耀自己的球技和变化球。父亲的球,母亲既不想接,也接不住(父亲只想听到母亲的称赞)。

即便双方一时配合默契,途中但凡有人没接住球,失败的悔恨便再度席卷而来，让气氛急转直下。冲突因此接连不断。

小时候，父母的这种沟通方式自然令我和妹妹感到十分困扰。

就在父母婚后的第三十五个年头，我也步入了婚姻殿堂，终于离开了这个家。

父母的二人世界刚开始没多久，母亲就确诊了癌症。

为了确定发生部位，母亲做了很多检查。可还没等到医生确定癌症在哪儿，癌细胞就转移到了肺部。

确诊后前半年，母亲一直无法接受手术和治疗。半年后，医生终于发现，母亲的癌症起源于咽喉处一个毫不起眼的癌变。

这场疾病似乎是母亲性格的象征。

母亲向来豪爽奔放，说起话来口无遮拦。可她却不曾察觉到自己心里的寂寞和忧伤。人们常说"忧伤肺"。在寻找病因期间，母亲的肺被癌细胞一点点侵蚀。

我想，母亲一直没能向父亲袒露真心。

母亲就这么与病魔斗争了一年。有一天，她终于对父亲说："我好寂寞，陪我。"

瞬间，他们抱头痛哭。

几个月后，母亲走了，脸上带着美好的神情走了。看着母亲的面容，我感到欣慰，她最终还是把心里话说出来了。

我的父母感情好的时候如胶似漆，可是始终不愿承认内心对爱的渴望，最终在误会和执迷不悟中荒废了时间。

我已结婚十五年有余。近来撰写此书，不禁想起母亲当时的心情，也开始反思偶尔和丈夫闹别扭的自己。

说到底，夫妻间的语言分歧也好，男女差异也罢，不过都是一场误会。秉持这样的信念，我一边思念父母，一边调整自己的人生轨道。

凡是人际关系，都存在各式各样的问题。

关注本心，发现爱，建立和谐关系，或许也是多数人一生的命题。

愿以此书尽绵薄之力，助各位享受婚姻生活。

**小林奈保**

——经历过婚姻危机的女人

从儿时起,我们读的童话故事,结局都是王子和公主结婚,从此过上了幸福快乐的生活。

于是,当我们自己在找对象时,也以为结婚就是我们的目的。

但事实果真如此吗?婚姻生活一般会持续四五十年甚至更久。这段日子怎么过,必将深刻影响夫妻双方今后的人生。很多人却毫无准备,稀里糊涂就结了婚。

而我也曾是这些人中的一员。

这么做的结果就是,我的婚姻才走过了七年就步入荒漠,即将走到尽头。

更讽刺的是,我一度怀疑自己对丈夫是否还有感情,而当我下定决心离婚后才意识到，自己对他的爱竟是如此之深。

明明大家都是两情相悦终成眷属，为什么有的夫妻能过上幸福生活，有的夫妻却活在水深火热之中？
或许，幸福的夫妻生活需要一定的诀窍和准则。

我下定决心，要和丈夫成为幸福的夫妻。从那时起，我研究男人，研究我的丈夫，做了许多实际行动。十年过去了，如今的我发自内心地认为，能和他结婚实属幸运。

这十年间，我所做的不过三件事："了解""尝试"和"改进"。
十年的亲身经历让我明白，无论何时何地，改变"现在"，就能改变"未来"。

本书虽立足于"男女差异"，但是所论内容势必无法涵盖世界上的每一位男性或女性。

不过这也无妨，"认识到双方的不同"才是和异性交往时的重中之重。很多人忽略了这一点，以为别人的所思所想和自己的想法如出一辙。这种偏见最终酿成了许多痛苦的婚姻。
反过来说，让婚姻幸福快乐的秘诀就是了解并认识双方的差异，在今后的人生中各尽所能。

夫妻虽为夫妻，但终究是两个不同的人。为了弄清楚夫妻的不同，找到婚姻的幸福之道，我一路在实践中摸索，得到颇多的心得体会。现将如何开启幸福婚姻的秘诀融入此书，献给各位。

希望各位读者通过书中生动的"男女差异"案例，思考自己和另一半之间的不同。

我深信，每一对夫妻都可以过上更加幸福美满的生活。而这一切，需要从"了解差异"开始做起。

愿此书成为各位读者婚姻幸福的"开端"。

## 男女差异查证委员会

男女差异查证委员会由三名成员组成，其中男性一名，女性两名。委员会发现，男人和女人聊天不在一个频道上，原因包括双方在词汇理解层面的差异，因此进行了彻底调查和检验，以解决男女语言差异引发的矛盾。委员会现阶段的工作主要是通过研讨会消除两性误解。本书为近期工作成果之一。

## 梅津贵阳

日本牙科医生，医疗法人社团蓝青会理事长，电台主持人，作家，画家，一级食育师，心灵导师，足相师。曾师从日本著名儿科医生真弓定夫，现致力于健康与人生方面的研究，同时开办讲座及研讨会。已出版多部著作。

## 长谷川美加

出生于日本大阪，玛雅历导师，从事玛雅历研究。与多名玛雅历导师一同在东京开展过多起玛雅历活动。现居雅加达。通过玛雅历解读，帮助更多的人看清人生使命，找到与家人的相处之道。结婚十五年。

## 小林奈保

出生于日本东京，早稻田大学社会科学部毕业。原从事财务会计工作，因丈夫工作调动，移居国外。身份有脑科学认知行为疗法师，心理咨询师，国际注册内部审计师（CIA）。结婚十八年。目前正通过脑科学对两性沟通进行研究。